わたしの旅ブックス
021

プラハ巡覧記
風がハープを奏でるように

前川健一

産業編集センター

上下とも旧市街広場

トラムが走るプラハの風景

帰国して、「もっとプラハを見たかった」と残念に思うことは多い。心残りで帰国する旅行者とそう思わせる街は、それはそれで幸せな組み合わせなのだが、こうしてプラハに関することをいろいろ調べていると、あらためて「もっと見たかったなあ」とつくづく思う。トラムと地下鉄巡りは少しはやったが、まだまだ足りない。トラム全線完全乗車や地下鉄駅見物などをやりたかった。ある程度そういう見学散歩をやるのには10日ほど必要なのだが、プラハでの滞

在時間を、トラムと地下鉄の調査に費やすという気にはなれなかった。私は旅をしたいのであって、調査や取材はしたくなかった。

というわけで、ここでは、散歩をしているときに見かけたトラムが走るプラハの風景を紹介する。撮鉄《とりてつ》ならぬ撮トラムというマニアなら、どこに行けば「絵になる風景」が撮れるのか調べるのだろうが、私の場合は、散歩の途中の、「たまたまの出会い」だ。撮影地はすべて記憶しているが、説明は省略する。林の中を走る写真も、撮影地はいずれも、ガイドブックの地図の「プラハ中心部」に入る地区だ。

23

V

crocodilino.cz
CROCODILINO
8475
8475

TOPIC
feisenbank

8384

Pepsi-Cola
9
8309

プロローグ

夢の中でも

旅を終えて帰国しても、夜ごとプラハが夢に出てくる。帰国したばかりだと、まだ旅をしている感覚だったり、夜中に目覚めたときに、自分は今どこにいるんだろうかと考えることはもう何十年も前からある。朝、目が覚めて、「ああ、日本か。ホテルじゃないんだ。旅は終わってしまったのか」と感じることもよくある。しかし、毎晩のように夢で異国を散歩しているという体験は初めてのことだ。日本にいても、夜になると石畳のプラハを散歩している。

チェコのプラハで、大事件に遭遇したわけではない。残念ながら、恋愛映画になるような、一生忘れられない感動的な出会いがあったわけでもない。いつものように、ただ、散歩をしていただけだ。それなのに、プラハが毎夜夢に出てくるのは、昼間もチェコ漬けになっているからかもしれない。
旅に出る前にも多少はチェコの本は読んでいるが、そんなものはほとんど意味がないことは体験的によくわかっている。旅行先の歴史も地理もわからないうちにいくら資料を読んでも、頭にまったく入ってこない。だから、帰国してすぐに、すでに集めた資料をふたたび読みつつ、まだ手に入れていない資料を次々にアマゾンに注文し、その結果週三アマゾンのごとく本が届き、段ボール箱いっぱいになりつつある本を、あるときは読み飛ばし、あるときは市内地図を手元に置いて精読し、「ああ、そうだったのか」と納得し、チェコ語に関する資料を読んで発音を確認し、手に入りにくい本は図書館に行って借りてきて、学術論文はネットで読み……、という生活をしているうちに、ついにプラハが夢に出てくるようになった。

春先から、今年の秋（二〇一八）はどこに行こうかと考えていた。旅行先を選ぶ条件のひとつは、「ひと月散歩をしていても飽きない街」だ。散歩の楽しい街は世界にいくらでもあるが、「ひと月遊べる」という条件を付けると、大阪のほかそう多くはない。世界地図を頭に浮かべて、そういう街を探した。ニューヨークやサンフランシスコにまた行きたいが、滞在費が高くなりすぎる。ロサンゼルス郡のサンタモニカに住む友人が「ウチに来ればいい」と言ってくれたが、ロサンゼルスほど散歩と相性の悪い街はない。「せっかくの好意だけど、サンタモニカはごめんだな」と返事を書いた。

いままで行ったことのない国にしようと思った。これまであまり多くの国を旅していないので、行ったことのない国などいくらでもあるが、それだけの理由で行ったことがない国に行く気にならない。訪問国を増やすというスタンプラリーのような趣味は、私にはない。

ひと月遊べる候補地として、チェコのプラハ、ポーランドのワルシャワ、ハンガリーのブダペストの三都市が頭に浮かんだ。いずれの街にもまだ行ったことがない（ワルシャワには二〇一九年に行った）。この三都市を候補にしたのは、地中海の国々は行ったから、少し北に視線を上げて、「もしかすると、おもしろいかもしれない」という勘にすぎない。「建築を見るならプラハかな」という程度の理由で、三候補からプラハを選んだ。通常のツアーなら十日間もあれば三か国くらいは旅するから、この三都市も一気に訪問できるだろうが、旅は効率を求めるものではない。移動ばかりのあわただしい旅はいやだ。

「腰を落ち着けて、プラハに最低ひと月」が基本だ。そのくらいの時間をかけないと、初めての街の魅力はわからない。ひと月あれば充分というわけではもちろんないが、まあ、とりあえず、ひと月。

そういう選考過程を経て、毎日プラハを散歩することになった。そして、プラハは実におもしろかった。気に入った。もし、チェコ政府観光庁のポスターにキャッチコピーを入れるなら、「きっと、あなたもプラハが好きになる」は陳腐だが、でもそれしかないなどと思いながら散歩をしていた。居心地がいいのである。

プラハの魅力を伝えるにはどう表現すればいいか考えているときに、だいぶ前に買った資料を再読して、わかった。『地球・街角ガイド　タビト　6　プラハ』（同朋舎出版、一九九五）のプロローグに、千野栄一は「プラハは歩いて!」と題してこう書いている。以下、最初の節を引用する。

――永らくフランスに亡命していたチェコの作家ヤン・チェプがCOR PATRIAE（祖国の心）と題する一文の冒頭で、「愛を告白する以上に、どのようにしてプラハについて語れるであろうか？　その名を口にするだけで、風がハープを奏でるように心がときめくのをどうして妨げよう」と言っているが、プラハを一度でも訪れた人は同じ思いを抱くに違いない。――

プラハの魅力は、私にとって具体的に「これ！」というものはない。観光名所見物や雑貨の買い物でもない。ましてや、料理でもない。いつまで散歩をしても、りっして飽きない街。ひと月散歩して、「もっと居たい」と思いつつ帰国するのが、理想的な街だ。私にとって、それが魅力的な街で、それがプラハだった。

幸せにも、私はプラハと出会った。そして、これから、そのプラハの話を書き始める。長くなると次の旅に出られなくなるから、簡単に書こうとは思っているのだが……。

さあ、書くか。

プラハ巡覧記
風がハープを奏でるように
目次

第五章　建物を見に行く

■チェコ共和国の位置

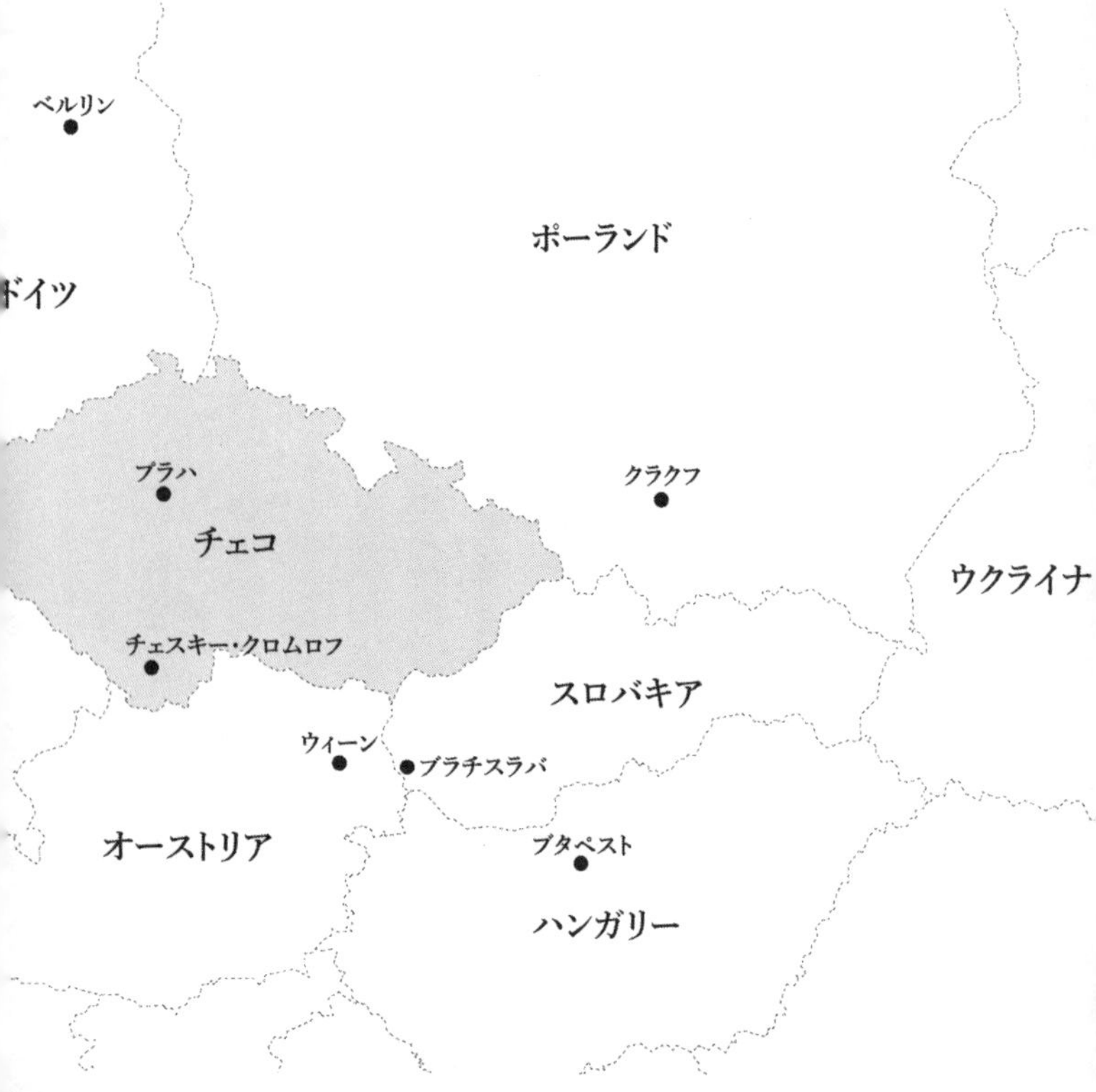

〈チェコ共和国〉

・1993年にチェコスロバキアがチェコとスロバキアに分離して誕生。

・隣接する国

　北：ポーランド、東：スロバキア、南：オーストリア、西：ドイツ

・人口――1058万人（2017年）

・面積――78,000㎡　＊北海道とほぼ同じ

・首都――プラハ　人口128万人（2017年）

■プラハ市内地図

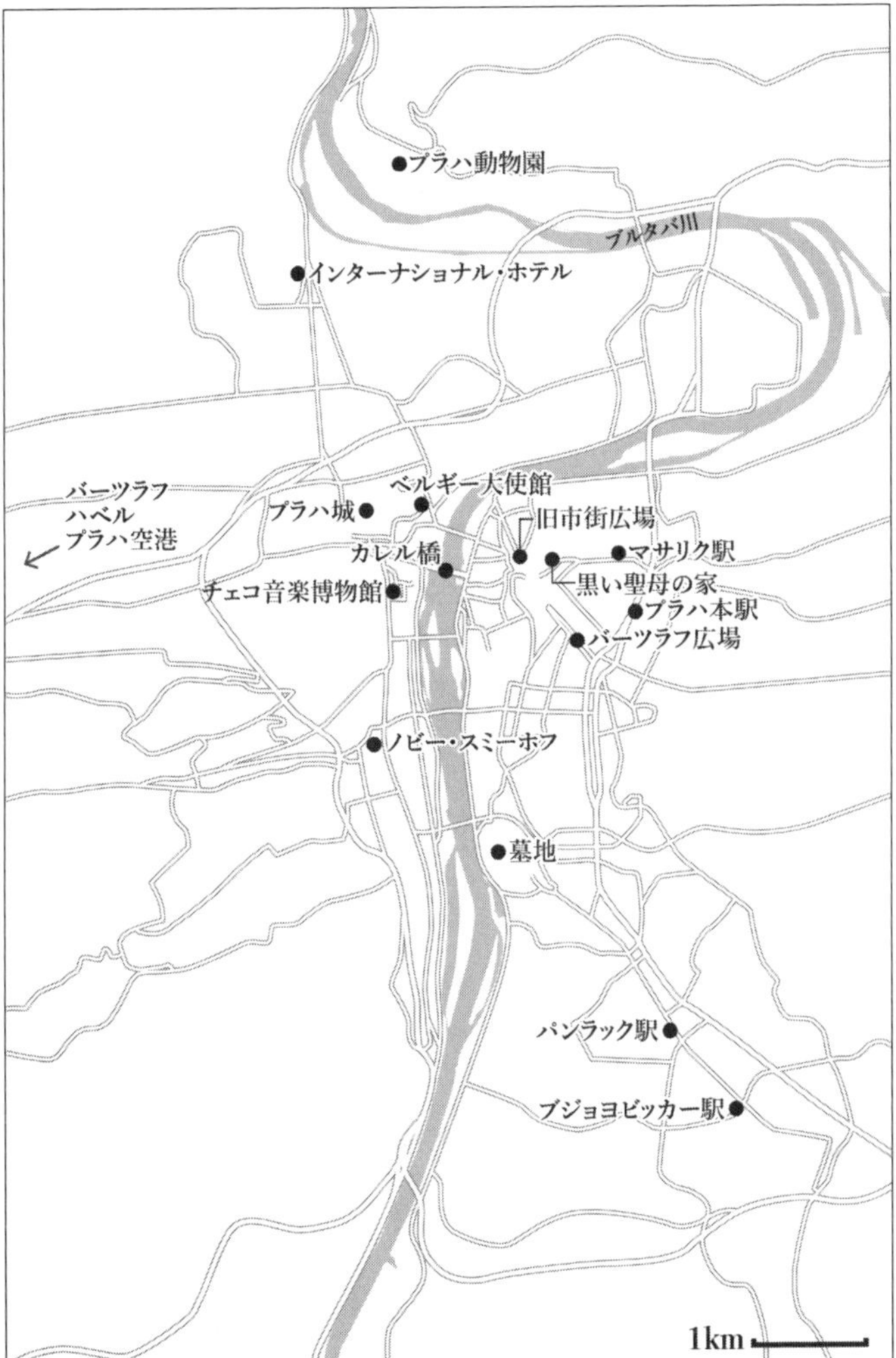

●プラハ動物園
ブルタバ川
●インターナショナル・ホテル
バーツラフ
ハベル
プラハ空港
ベルギー大使館
プラハ城●
旧市街広場
●マサリク駅
カレル橋
黒い聖母の家
チェコ音楽博物館●
●プラハ本駅
●バーツラフ広場
●ノビー・スミーホフ
●墓地
パンラック駅●
ブジョヨビッカー駅●
1km

〔口絵・本文写真〕前川健一

第一章

プラハへ

ドミトリー

一

夜、プラハに着いた。それから宿探しをする気は初めからないから、宿は日本で予約しておいた。チェックインをして、「12号室です」と言われてカギを渡された。二階の12号室のドアを開けたら、Tシャツに短パン姿の若い女がふたりいた。慌ててドアを見たが、「12」と書いてある。フロントに戻って、「すでに客がいる！」と訴えたが、「はいそうですよ。あいているベッドに寝てください」と平然と言う。そんなはずはない。私は個室を予約したんだ。ドミトリーじゃない。もう何十年もドミトリーには泊まっていない。そう言った。

「予約はドミトリーで入っています。それが嫌なら、キャンセルしますか？」

深夜に荷物を持って知らない街で宿探しをする気はない。とりあえず、今夜はドミトリーにしよう。それ以外の選択肢はない。

ドミトリーのそもそもの意味は、学生寮のようなものらしい。大部屋といえばいいか、ベッドがいくつもある部屋だから、通常はひとりで個室に泊まるより安い。

狭いドミトリーでは、二段ベッドひとつというふたり部屋、つまり相部屋を体験したのはイスタンブール。テニスコートほど広い部屋に、二段ベッドが三〇か四〇はあったかなと記憶しているのがアムステルダムの宿。六〇人か八〇人の相部屋だ。そして、私のドミトリーの最後の体験は、たぶん、一九八三年のアテネだろう。それ以後、旅行先をアジアに移したので、ドミトリーには泊まらない。個室でも宿代は安いし、アジアにいるのに西洋人がかたまっている西洋世界にどっぷりつかっているのはつまらんと思ったからだ。

久しぶりのドミトリーは、実に愉快だった。四日間の自由時間ができたからベルリンからオートバイで来たという、ドイツ人大学生。国際関係論専攻だと言った。同じく国際関係論を専攻している大学院の留学生は、ジョージア出身の若者。「ジョージアから来ました」と自己紹介したから、「アメリカと言えよ」と思った瞬間、ああ旧姓グルジアかと気がついた。「ポルトガルから来ました」という三〇代後半の男は、肌が黒かった。モザンビーク出身の父親がインドに留学し、ゴアで知り合ったインド人女性と結婚して帰国したら、モザンビークはポルトガルから独立したので、ポルトガルに移住して生まれたのが私ですと自己紹介をした。ポルトガルに行ったときに、ポルトガルの現代史をちょっと頭に入れたので、こういう話はよく理解できる。ゴアは元ポルトガル領だ。

小さなデイバッグだけを手に部屋に入ってきた男がいたので、「まるで家出少年みたいだね」と言ったら、「いやあ、これには深い事情があってね……」と、その事情を話し出した。

三〇代後半の彼はウクライナ人の会社員。化学方面の研究者で、プラハで学会があるので前日にプラハに来たのだが、「家を出て空港に向かう途中、荷物を家に忘れてきたことに気がついたけど、もう遅い。あとから家族がプラハに来て合流するから荷物の心配はないんだけど、ちゃんとしたクレジットカードも女房が持っていてさ……」

彼が今持っているクレジットカードは、米ドルでもユーロでも支払いはできるが、チェコの通貨コルナには対応していない。だから、ATMでいったんユーロ紙幣を引き出し、それをコルナに再両替すれば支払いはできるのだが、再両替は大損する。あらかじめ予約していたホテルの支払いは持っているカードではできないのでキャンセルし、手持ちのユーロ札を両替して、今夜はこの安宿に泊まることにしたという。

このウクライナ人が来るまで部屋で話をしていたのが、ドイツ人大学生とポルトガル人と三〇代後半のドイツ人。みんな、かなりのインテリである。中欧、東欧の政治や経済の話をしていた。ドイツ人大学生がスマホで地図を出し、国を指さしながら話をした。三〇代後半のドイツ人が、地名がまったく入っていないスマホの地図で元ソ連圏の事情を解説するので、「この地域に詳しいですね」と言ったら、「私はここの出身だから」と地図上の国を指さした。地名のない地図だが、そこは私にもわかった。アルバニアだ。「一八歳で、ドイツに渡ったんだ」と言った。彼の現在の国籍をたずねていないから、アルバニア人と言えばいいのかドイツ人と言えばいいのか、わからない。宿の会話では国籍なんかどうでもいいのだが、こうして文章にしようと思うとちょっと手間がかかる。

達者な英語をしゃべるので、「どうやって英語の勉強をしたんですか?」と聞いたら、ちょっとはにかみながら、「私が通った高校がちょっと特別なところで、授業の半分は英語でやっていたんです。だからドイツに行ったとき英語では不自由しなかったけど、ドイツ語は苦労しましたよ」

アルバニア社会主義人民共和国時代を終えて、アルバニア共和国になったのは一九九一年。今、目の前にいる「アルバニア人」が三五歳だとすると、九一年には八歳。社会主義時代の記憶はあるが、自由主義経済に入ってから教育を受けていることになるのだなあなどと考えていた。

二

プラハで最初に泊まったドミトリーは八人部屋だった。部屋の中央にテーブルとイスがあり、そこで毎日雑談会が開かれた。政治や経済の話から、普段の生活の話や、失敗談など話題は豊富で、毎日が楽しかった。登場人物が少しずつ変わり、談論風発、百花繚乱、議論と爆笑の数時間が毎日続いた。

こういう体験を、日本の若者も積極的にしたほうがいいと思った。教授が案内する異文化体験ツアーや国際キャンプなどは、旅行会社を儲けさせるだけだ。日本人だけの団体旅行で異文化を体験するというのは、日本人社会というカプセルに包まれて移動しているのだから、異文化体験は形容矛盾である。キャンプをして寝食を共にするといっても、同じ世代の同じような階層の若者と話をするだけのことだ。

毎夜の雑談会に参加するアジア人は私だけで、中国人も韓国人も参加しなかった。ロシア人も参加しない。雑談会に参加するには、高い壁がふたつある。

ひとつめの壁は英語の力だ。しかし、私も参加しているのだから、これはそれほど高い壁ではない。謙遜しているのではなく、私は本当に英語もロクにできないのだ。高校時代、英語ができない生徒たちばかりのクラスに送られ、そのなかでも特に出来の悪い生徒が私だった。受験英語を学ぶ気がまったくなかったから、成績がひどく悪かったのだ。そして、それ以後も、英語を特に勉強したことがない。それでも、旅行中はなんとかしている。その程度の英語力だ。

安宿で、難解な文学作品を読んでいるわけではないし、英語のテレビ番組を見ているわけでもない。高度の専門用語が次々に出てくるわけでもない。私が楽しんだプラハの大雑談会では、英語を母語としている者はひとりもいない。もし、ここにアメリカ人とオーストラリア人とカナダ人がいて、彼らが口語や流行語やスラング交じりで，口角沫を飛ばしてしゃべりまくると、少なくとも私の手に負えなくなる。そうなれば、何もわからず沈黙するしかないのだが、幸せにも、そういう事態には一度もならなかった。

もうひとつの壁は、英語力よりもかなり高い。好奇心の壁だ。雑談会が英語ではなく日本語ならば、どんな話題が出ても、日本人なら誰でも楽しく会話ができるというわけではない。雑談を楽しむ好奇心が、語学力よりも重要なのだ。だから、たとえ高校卒業までロサンゼルスで育ち、アメリカ生活では英語で苦労することはないという日本人でも、カザフスタンやキルギスタンの政治や経済がどうなっているのかという話題に、はたしてついていけるかどうか。自分にその地域の知識がまったくなくても、「ふんふん、それで……」と次の質問をしたくなる好奇心があるかどうかが問題なのだ。

宿の台所で始まったある日の雑談会のメンバーに、スペイン人の医大生がいた。「子供のころ、プラハで暮らしていたことがあって……」という発言で話が広がり、「スペインの医師免許はEUでは使えるのか」という話題になり、「言葉の問題があるよなあ」と言うと、「中南米ならスペイン語だから……」と言い、「中南米ではスペインの医師免許はそのまま使うことはできないような話は聞いたなあ」などと話題が移る。そして、各種免許とEUという話題になり、この医大生の実家がモロッコのスペイン領セウタにあることがわかり、私はセウタに行ったことがあるから、スペインとモロッコの話がしばらく続いた。スペイン南部の港町アルヘシラスやジブラルタル海峡の話をした。物価の話から日本の物価が話題になり、「日本は高い！」と言うから、「それは昔の話。日本の物価は、今は安いぞ。だから、中国人がいくらでも来る時代になったんだ」と私が解説する。こうして時間が過ぎていく。

私は知りたがり屋だから、ドイツの外国語教育事情だの、サラリーマンの昼食事情だの、聞きたいテーマなどいくらでもある。国際情勢や環境問題に関する知識はあったほうがいいに決まっているが、知識がなくても、会話が成り立つには「知りたい」という意思表示が必要だ。大雑談会は、大学の授業のように、ただ黙って座っていれば時間が過ぎて「おしまい」にはならない。黙っていては会話にならないのだ。出席点やテストもない学校が、ドミトリーの雑談会だ。教授が案内する団体旅行などよりも、はるかに勉強になる。

三

英語の辞書があれば、会話がもっとうまくいったのになあということはあった。雑談をしていれば、わからない単語などいくらでも出てくる。そこでいちいち辞書を引いていたら、会話にならない。だから、わかっている振りをするのも会話の技術だ。昔は英和辞典を持っていて、わからない単語が出てくると、辞書を渡して、「その単語の説明文を見せて」と言ったりしたこともあったが、だんだん面倒になり、辞書を持って旅することもなくなった。それは数多くの英単語がこの頭に入り込んだという意味ではまったくなく、ただ単にズボラになったというだけだ。

宿の台所は誰でも自由に使えたし、コーヒーや紅茶が飲み放題だったので、台所にもよく顔を出した。そこで知り合ったアメリカ人女性は私よりも年上に見えた。今回の旅の話から、かつて、医療ボランティアとして平和部隊などに参加して、さまざまな国に行ったというような話になった。その活動の話をしていると、近くにいた旅行者が、「あなたはドクターなんですね」と確認すると、「ドクターではあるけれど、ＤＰＴなの」と言ったが、これがわからない。「それは何ですか?」と質問すると、「Doctor of Physical Therapyのこと」という答えが返ってきたが、これもわからん。彼女は、DPTという略語の成立事情などを解説してくれたが、まるでわからないので、この件に関する質問はやめた。辞書もスマホも持っていないので、旅先では調べられない。

帰国してから調べると、それは理学療法士のことだった。漢字だと読めるからなんとなくわかったような気になっているが、具体的にどういうことをする仕事なのかさっぱりわからない。わからないという点では、日本語でも英語でもおなじことだ。だから、これは英語の問題ではなく、私の知識不足が問題なのだ。

チェコの南部、オーストリアとの国境に近いチェスキー・クロムロフという小さな街に行った。今回の旅は、基本的にプラハにいる予定なのだが、プラハを知るには地方も少しは知らないといけないと思い、南部の街に行ったのだ。

チェスキー・クロムロフの旧市街は二〇〇メートル四方くらいの小さな街だから、朝の散歩に出たら、前日プラハ駅のホームで会い、この街まで一緒に来た六〇代のオーストラリア人夫婦と出くわした。

「小さな街だから、きっとどこかでまた会うわね」と言って前日別れ、翌日の朝には再会するような街だ。

ふたりといっしょに散歩した。ちょっと高い場所に登って街をじっと眺め、しばらく沈黙し、「トランキルっていう単語は知ってますか?」と妻の方が言った。「知りません」と答えると、「こういう景色はトランキルという語がぴったりなの」と言って、その語の説明をした。イギリス出身の彼女は、カナダでもアメリカでも、外国人に英語を教えていた経験があるので説明はわかりやすく、私の頭には「静寂」とか「静謐《せいひつ》」という語が浮かんだ。

帰国してから調べてみると、その語は〝tranquil〟で、意味はやはり「静謐」だ。私は日本語でも英語でも小説を読まないので、こういう単語になじみがない。そして私にとって大事なことは、旅先で英単語をひとつ覚えたことではなく、その語を巡って言葉のやり取りをしばらくしたことだ。今この文章を書いていて、トランキライザー(精神安定剤)の元となる語だと気がついた。

日本の若者も、外国でも日本語でスマホ遊びをしていないで、目の前の人間とどういう

チェスキー・クロムロフの中心部。まあ、テーマパークだ。

テーマであれ、こういう言葉のやりとりを楽しんでみればいいのになあと思うのである。

「テーブルにスマホを置いて、何もしゃべらずに食事をしているカップルって、いるよね」と私が言うと、

「そう、国籍に関係なく、いるわね。旅行中でもね。私たちには驚きよね」

と彼女。

中高年には信じられない光景なのだ。

ゲストハウスのリビングルームも、今は「スマホの間」になりつつある。

誰も気候の話を信じてはならぬ

「わたしの一家がプラハに移り住んだのは、一九五九年の十一月で、すでに気温は氷点下一〇度を下回る日々が続いていた」（『旅行者の朝食』米原万理、文春文庫、二〇〇四）

「チェコに行こう」と決めて、ずっと前に買ったチェコ関連の本を本棚から集めて、段ボール箱に入れた。チェコ棚を作るスペースはないから、箱に集めたのだ。前回紹介した『タビト　プラハ』も、この文春文庫も、ずっと前に買っていた本だ。

プラハの寒さを知って、寒いのが大嫌いな私は、旅行先を熱帯にしようかと考えたが、プラハほど魅力的な街は熱帯では見つからず、それならできるだけ早く日本を出るしかない。大学講師としての仕事は九月中旬まで拘束されているから、そのあとすぐに日本を出ることに決めた。サンタモニカに住む友人から「久しぶりに日本に行くことに決めた。航空券の手配も済んだ。十月の東京で会いましょう」というメールが届いたが、十月上旬まで日本にいたら、氷点下のプラハを旅することになる。「ごめん。そのころは日本にいないから」とメールを送った。「逃げたな」と返信が来たが、寒いのが嫌なだけだ。

安いことと、怖いもの見たさで、アエロフロート・ロシア航空を利用した。一九七五年以来の大英断だ。モスクワ経由プラハ行き。乗り換え時間がちょうどいいのも利点だ。

飛行機がモスクワ・シェレメチェボ空港に着いた。前回は一九七五年の八月だったが、飛行機の丸窓から見えたのは、夏だというのに綿入りのコートを着た作業員の姿だった。あの格好は東京の冬では暑すぎる、真冬の札幌の作業風景だなと思った。八月のモスクワではそういう服装なのだ。私は夏の服装でタラップを降り、ふるえながらバスに乗った。

その時の記憶が鮮烈だったので、今回は機内に持ち込んだショルダーバッグにはユニクロの羽毛服、ウルトラライト・ジャケットを入れていたというのに、九月のモスクワの空港には、ギラギラと太陽が輝いていた。タラップを降りてバスに向かうのだが、成田を出た時のシャツで寒くない。モスクワが、成田と変わらない気温だった。

二〇一八年九月。深夜、プラハに着き、翌日。朝はちょっと涼しいという程度だったが、昼前にすでに暑くなった。宿で会ったドイツ人大学生に、「秋のプラハがこんなに暑いとは思わなかったよ」と言うと、彼はスマホを取り出し、「きのうの気温は三二度、きょうは三一度らしいよ」と、こともなげにいう。寒さ恐怖症の私は、日本を出る朝、着ていた半そでシャツを脱ぎ、ユニクロ・ヒートテック極暖に着替えたのだ。それなのに、気温三一度かよ！　プラハは北緯五〇度にある。ロンドンやアムステルダムよりは南だが、カラフトの位置だ。プラハは盆地なので、気候の変動が激しい。

ドイツ人大学生はスマホからノートパソコンに変えて、「ボクが住んでるベルリンだって、暑いんだよ、ほら」と気温の資料を見せてくれた。一九五〇年代に一回だけ三〇度を超えた日があったが、それから長らく三〇度の壁は超えなかった。二〇一〇年以降、三〇度超えは珍しくなくなった。「今年の夏は三八度が最高だったし、ほら、いまでも三〇度を超えているでしょ」。パソコンのモニターに今週のベルリンの天気が出ている。ベルリンも、三〇度を超えている。

暑くてたまらないのに夏服を持っていないので、C&Aに行ってTシャツを買った。C&Aというのは、アジアではなじみがないが、一八四一年創業のベルギーの衣料品チェーン店。日本でいえば、「しまむら」の感じか。安いのがありがたい。そのせいだろうが、おそらく近隣諸国から来たと思われる家族がひとかかえの服を買っている光景を何度か見ている。チェコではスーパーでもこういう店でも、商品を袋に入れないから、袋に入れたければ持参するか、袋を買うことになる。まとめ買いの家族は、ふとん袋のような大きな袋を持参していた。

「暑いプラハ」は十月に入っても続き、昼間なら半そでシャツで過ごすことができた。旅行者たちは、「いつもなら……」とか、「ガイドブックでは……」と言いながら、この高温をいぶかしげにしているが、「例年」というのがないのが、昨今の気候だ。地球は確実に暑くなっている。

おかげで、ユニクロのウルトラライトダウンのジャケットとベストは両方とも一度も袋から出すことはなかった。寒さが苦手な私の過剰防衛だったかもしれない。結果的には、ウインドブレーカーがあればいいという程度の気温だった。

今年(二〇一八)二月にはマドリッドで雪に会い空港は八時間動きが止まった。モロッコのラバトでは、夜あまりにも寒くて、羽毛服を着て寝たほどだ。水シャワーなど冗談ではなかった。

気候のことは、誰にもわからん。

散歩のガイドブック

どこの国に着いてもまずすることは、両替をしたら地図を手に入れることだ。私はスマホもタブレットも持っていない。宿や観光案内所に簡単な市内地図があるので、とりあえずその地図を手に入れて眺め、わが宿の場所に印をつける。その地図を手に適当に歩き、本屋を見つけたら、詳しい地図を探す。大きな一枚地図は全体を眺めるにはいいが、扱いにくいので、区分地図を探す。

プラハの本屋ではいくつかの大きさの区分地図を見つけたが、英語の説明入りのものは見つからなかった。道路名などはもちろんチェコ語でいいのだが、施設名などには英語の表記も欲しかったのだが、それは無理らしい。

『PRAHA plan mesta 1:20000』という区分地図を買った。これで、プラハ全域の地図と地下鉄・トラム（路面電車）、そしてバスの路線もわかるから使い勝手がいい。散歩者である私には、ガイドブックに載っているような観光客密集地域だけの地図ではなく、プラハ市全域の地図がないと困る。プラハ市がどういう姿をしているのか確認したいのだ。価格は一四九コロナ、日本円にして約七五〇円ほどなのだが、インターネットでこの地図に関して調べていたら、日本のアマゾンがヒットして、一万三一六四円で売っていることがわかったが、何だよこの値段。同じものか？

日本から持って行った本でもっとも役に立ったのは、『プラハを歩く』（田中充子、岩波新書、二〇〇一）だった。プラハに留学経験のある建築史家が書いた「建築から見るプラハ」ガイドなので、実におもしろい。旅行前に一度目を通したのだが、現場で読むと、より一層臨場感が増して、理解が深まる。建築史や建築技術の説明もある。石の建造物を建てるには、足場を含めて大量の木材が必要なのだという話は、「なるほどなあ」と理解できた。石がなくても木の家は建つが、木がなくては石の家は建たないのだ。大きく重い石を引き上げるには、頑丈な足場が必要なのだ。屋根も床も木が必要だ。石の家は暖房効率が悪いのに石を使い続けたことから、石と木の文化の違いに言及するが、プラハの建築ガイドというこの新書の性格上、深い考察はない。その方面の情報は、同著者による『プラハ 建築の森』（学芸出版社、一九九九）などを読む必要がある。

プラハは、建築見物が楽しいというのは多くの旅行者の共通認識のようで、建築物の写真を集めた本はいくらでもある。いくつもの雑誌がプラハを取り上げているが、「芸術新潮」(一九九九年一一月号)が「麗しのプラハ」という特集をしている。これは、この時期に東京世田谷美術館が開催した「煌めくプラハ　一九世紀末からアールデコ」展と連動したものだ。「ああ、プラハに行きたいなあ……」と思わせるには効果的な誌面だ。

散歩の実用ガイドとしてもっとも役に立ったのは、プラハの本屋で手に入れた次の本だ。ロンドン、パリ、ベルリンなどの建築ガイドを出しているドイツの出版社の本だ。

"PRAGUE The Architecture Guide"(Chris van Uffelen, Markus Golser, Braun Publishing AG, 2013)三九九コロナは約二〇〇〇円。オールカラーのプラハ建築カタログ。地図・索引付きだから、至れり尽くせり。数多く出版されている「古き良き時代のプラハの建築」だけを扱っている本と違い、一〇世紀末のロマネスク様式から、この本の出版当時の最新の建物まで扱っているから、私のような建築散歩者には絶好だ。

この本をバッグに入れてプラハを歩いた。夜はこの本をチェックして散歩計画を立てて、翌日出かけた。それでわかったことは、この本は素晴らしく良くできた本ではあるが、この本でも触れていない建造物がプラハにはいくらでもあることだ。散歩をしていて、「おや、これは、いったいなんだ?」と気になる建物に出会い、その正体をこの本で調べても載っていないことが多い。プラハは「百塔の街」と呼ばれている。塔のある建物などいくらでもあるのだ。ほかの街なら、ガイドブックである程度の行数で紹介されるに違いない建造物が、プラハでは地区予選さえ通過しないのだ。

本屋に行くと、チェコの建築の本はいくらでもあり、欲しくなる本が多いのだが、高くて重い。「見れば終わりだから、買うのはなあ」とためらっていたら、プラハ市立博物館の児童学習室のようなところに、「写真で見るプラハ今昔」といった感じの写真集が二冊置いてあって、じっくり読ませてもらった。今昔といっても、同じ街角が一〇〇年前と看板が違うだけでまったく同じというのがプラハだとわかる。

プラハの建築の話は、いずれゆっくりする。

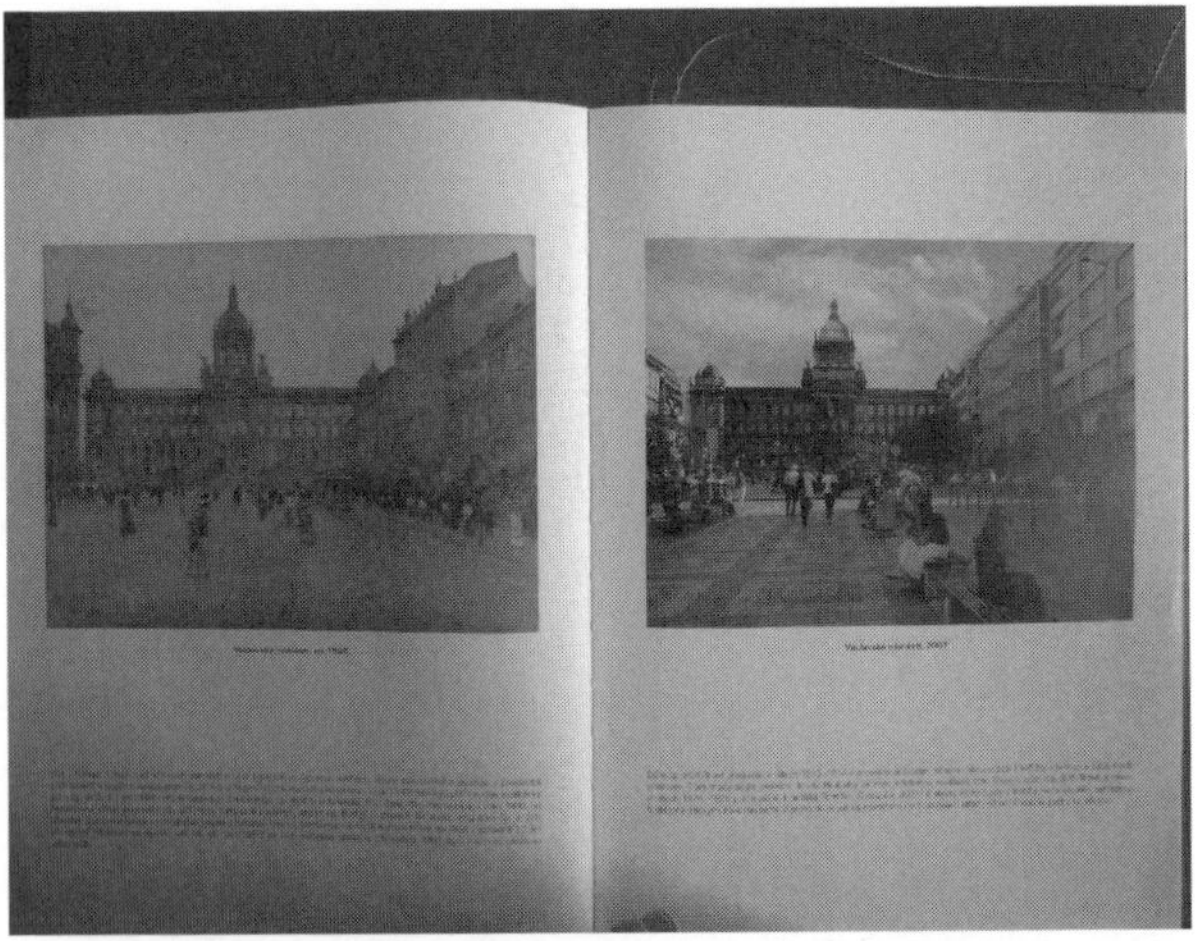

市立博物館の一室で見つけた本を眺めて午後を過ごす。上の写真はバーツラフ広場から国立博物館を見た風景。

こちらは旧市庁舎。左はまだ旧市庁舎があったころ。ナチス・ドイツによって破壊され、そのあとは再建されず、そのままになっているのが、現在の右の写真。

チェコの英語

一九一八年、チェコスロバキア共和国が誕生した。それまでのドイツ語支配の状況から、チェコ語とスロバキア語の世界に変わっていくのだが、ドイツ系住民が多かったこともあり、ドイツ語は依然として強い力を持っていた。一九三九年にナチス・ドイツの支配を受けるようになって、ドイツ語はまた力を持った。

一九四五年に世界大戦が終わり、ドイツの支配を離れたが、今度はソビエトの強い影響力を受けるようになり、ロシア語が義務教育に加わる。一九八九年のビロード革命以降、ロシア語教育の時代は終わり、外国語教育はまたドイツ語が力を持ったが、若者の関心はドイツ語から英語に変わってている。

チェコの英語事情が、私の個人的体験ではどうだったのか。ひと月ほどの短い滞在中に、おそらく一〇〇人以上のチェコ人に話しかけた。日々の疑問をそのままにしておくと欲求不満がたまるので、「おばちゃん」のようになって、どんどん口にするようになった。わからないことは、道を聞くということも含めて、誰かに聞くという行為が、歳とともにだんだんためらいがなくなった。日本語ではまだ無理だが、外国語なら「雨が降りそうだね」とか「暑いねえ、まったく」などと天気の話もできる大人になった。

一〇〇人以上のチェコ人に英語で話しかけて、無視されたことは二例しかない。プラハ本駅の窓口では、英語の質問にチェコ語で対応されるということはあった。それ以外は、英語の会話が成立した。単語を並べるだけの片言の対応ということもわずかにあったが、ほとんどはちゃんとした会話だった。日本の大学生のレベルよりも、はるかに上だった。インテリに見える二〇代三〇代だと、まるでイギリスに留学したことがあるというような英語をしゃべった。通常、私が英語で話しかける場合は、「人を外見で判断して、話しかける」ようにしているので、英語が通じる可能性が高いのだ。

高齢者や農村部に住んでいる人はこれほど英語をしゃべらないだろうし、チェコ人だと思った人が近隣諸国から来た居住者であるということもある。そういうことを割り引いたとしても、日本とは比べ物にならないくらい英語が通じる。

日本人がチェコを旅していて、英語が通じることはありがたいのだが、英語の表示がほとんどないのは困る。日本や韓国やカンボジアやタイだと、現地の言語がラテン文字表記されていないとよそ者には不便なのだが、チェコ語はラテン文字を使うから、地名や道路名がチェコ語のままでも困らないのだが、その上を望むと困ることがある。

チェコでも案内板などがチェコ語のままなのだ。「muzeum」はmuseumからの類推で、博物館だとわかるというのは例外的存在で、道路の案内矢印のほとんどは、何を示しているのかわからない。だから、表示が博物館を示していることはわかっても、どういう博物館かはわからないのだ。ガイドに案内される団体旅行者たちは困らないだろうが、個人旅行者はこれでは困るのだ。地図もチェコ語表記だし。

ただし、博物館内部の説明では、チェコ語と英語の両方の説明文がついていることもあり、かなり助かる。はたして、日本の博物館や美術館などの説明文は外国語のものがどれだけあるのだろうか。

「英語の表記がもっとあったら便利なんだけどね」というようなことを宿で旅行者たちとしゃべっていたら、「ドイツだって、チェコと変わらないよ」とドイツ人がいい、「ほかの国だって、大抵は同じようなものさ」ということになった。フランスはどうなんだろう。

マレーシアやシンガポールのように、もともとイギリスの植民地だったところは別として、タイでは英語の表示がかなり増えたし、数年前からバンコクのチャイナタウンのバス停には英語の案内板が設置された。アジアでは、そういう国もあるのだ。

チェコ語らしくない綴りの文字とカタカナが見えたような気がして壁に近づく。チェコ南部、チェスキー・クロムロフの路地で。

日本語と英語がわからないと解読できないプレート。この路地の近くに美術学校があるから、これは芸術作品なのだろうか?

チェコ語

一

チェコ語の文法はややこしいということはすでにわかっているから、チェコに行くからといって、チェコ語を学ぶことはハナから考えていなかった。私は言葉に興味があるが、その言葉を地道に学ぶまじめさがないのだ。言葉が通じなくて困れば、その現地で学べばいいやという泥縄式学習者が私である。

考えてみればどこの国でも同じだったが、すぐに覚えるのはドアの「引く」と「押す」の表記だ。毎日ドアに手を伸ばすから、「tam」(押す)、「sem」(引く)というのは、すぐに覚えた。出口、入り口という表記も同様によく目にするのだが、チェコ語の場合は「vchod」(入り口)、「východ」(出口)だから、間違いやすい。

まず記号の話をしておこう。チェコ語ではフランス語のアクセント記号のような記号が三種ある。例えば、zavazadlo（荷物）とzáchod（トイレ）のように、zaのaに記号があるかどうかの違いは、「ザバザドゥロ」と「ザーホッド」のように、aの上に記号がつくとaaと長母音化する。こういう規則はいろいろあるが、ここでは解説しないし、今後この本でチェコ語を出しても、打つのが面倒だから記号は無視することが多い。記号が面倒と思うのはフランス語やドイツ語などにつく記号に慣れていない外国人だけかと思っていたのだが、ある日、チェコ人も記号を無視することを知った。買い物をした時にもらったレシートを読み返し、私が買った物をチェコ語ではどういうのかチェックをしていて、気がついた。レシートのチェコ語には記号がまったくないのだ。チェコ人なら、記号がなくても前後の関係から意味を理解できるからだろう。ドイツの研究者と話をしていたら、最近ドイツでも記号を省略することがあるらしい。そのほうがコンピューターでは便利なのだ。

チェコ語は読むのはちょっと面倒だが、発音は日本人にはやさしい。しかし、日本人を含め多くの外国人にとって難しい発音は、記号付きのRだ。例えば、これ。

Antonín Leopold Dvořák

日本では「ドボルザーク」と呼んでいる作曲家の名前だが、チェコ語では「アントニーン・レオポルド・ドボザーク」となる。記号がつかないrはそのままrだが、Dvořákのように、記号がついたřはzに近い音になるから、そのままローマ字読みはできない。

チェコ語のカタカナ表記は、このブログでは「ヴ」（出版用語では「ウ濁点」という）は使わないという私の規則で行なう。「ヴァイオリン」と表記したがる人だって、日本語の会話では実際にはそうは発音していないだろうし、ましてや日本語の会話の中で「エレヴェーター」とか「オーヴン」などと発音しないだろう。それなのに「ヴ」を使いたがるのは、その方が格好いいだろうという西洋かぶれに過ぎない。私は昔からヴは使わない。「高輪ゲートウェイ」という駅名を、「英語だ、かっこいい！」と思う感覚も、こういう西洋かぶれなのだ。

チェコでもっとも有名な川は「モルダウ」だろうが、これはドイツ語だ。かつてドイツ語が支配言語だったから、ドイツ語表記の方が外国に広まったのだ。この川を、チェコ語ではVltavaという。言語学者であり翻訳者であり、チェコ語研究の第一人者である千野栄一はその著書『プラハの古本屋』ではヴは一切使わず、「ブルタバ」とカタカナ表記している（しかし、なぜか同著者の『ビールと古本のプラハ』ではヴが登場する）。

チェコ語の解説書などを読んでみると、チェコ人の名前の話がおもしろい。スペイン語やイタリア語を少し撫でたので、Mariaのようにaで終われば女性の名、Marioのようにoで終われば男性の名といったことは知っていた。だから、日本人の恭子とかまり子だと、語尾がoで終わっているから、スペイン人は男の名だというイメージがわくという話も聞いた。

チェコ語の場合は姓が男女で変わるのだという。『チェコ語のしくみ』（金指久美子、ルナテック、二〇〇七）から。その例を書き出すとこうなる。

Novak（ノバーク）氏の妻の姓はNovakではなく、Novakovaというように女性形に変えないといけない。外国人から見ると、変則的夫婦同姓なのだ。それは外国人でも同様で、日本人男性の青木氏と結婚したチェコ人女性は、夫の姓のAokiになるのではなく、Aokiovaと女性形にしなければいけなかった。二〇〇四年のEU加盟によって、夫の姓をそのまま使えるようになったものの、雑誌の記事などでは外国の芸能人女性の姓も、女性形に改変して記事を書くことがあるそうだ。女性なのに男の姓というのは、チェコ人は落ち着かないらしい。

記号付きのこういうチェコ語をにらむと、「renovace…、ああ、リノベーションか。日本語ならリフォームか」と、不動産看板を見て、想像がつくこともある。

日本人にはモルダウとして知られるブルタバ川。寒いのは嫌いだが、雪の日の景色もきれいだろうなと思う。

二

チェコ語はそのままローマ字読みしてはいけないので、ちょっとした訓練が必要だ。地下鉄は車窓からの眺めを楽しめないから、ある日の車内ではチェコ語の教科書を手にしながら、駅名の発音を考えてみた。地下鉄なら、駅名のアナウンスがあるから、路線図を見ながら読解をした後、発音の答え合わせができる。

プラハの地下鉄遊びをC線でやってみた。ここでは発音記号を省略して表記している。

HAJE……Aには長く発音する記号がついている。JはYの音。したがって、ハーイエ。

OPATOV……語尾のVはFになるので、オパトフ。

CHODOV……CHは英語のようなC＋Hではなくchで一字。発音はHと同じ。語尾のVはF。したがって、ホドフ。

ROZTYLY……この場合（無声子音の前の）ZはSになり、YはIの音になるから、ロスティリ。

KACEROV……Cは記号なしならツ（ツア、ツィ、ツ、ツェ、ツォ）になる。記号が入ると、

（チャ、チ、チュ、チェ、チョ）のように変わる。この駅名は記号があるから、カチェロフ。

BUDEJOVICKA……DEは記号なしならデ、この駅名は記号付きなのでジェになる。JOはYOの音。Aに長音化記号がついているから、ブジョヨビッカー。

PANKRAC……パンクラッツ。

PRAZSKEHO POVSTANI……プラッスケーホ・ポフスタニー。

VYSEHRAD……ビシェヘラド
I.P.PAVLOVA……「パブロフの犬」で知られるロシアの生理学者Ivan Petrovich Pavlov（一八四九〜一九三六）の名にちなんだ駅名。チェコ語の発音は、車内アナウンスでは「イー・パー・パバロバ」というような音に聞こえた。
MUZEUM……ムゼウム。国立博物館下の駅。

プラハに行ったことがない人や、行く気のない人には駅名の発音などどうでもいいことなのだろうが、プラハを毎日散歩していると、駅名を読めないと会話が困る。ある施設の話をしていて、「それ、どこにあるの?」と聞かれて駅名が言えないと、地図を出して説

明しないといけないから面倒だ

チェコ語の読み方が少しわかり、単語をいくつか覚えていったころ、こんな経験をしている。スーパーマーケットの食料品売り場で買い物をしていると、一〇人近い日本人がしゃべりながら私の方に来て、棚の向こう側に消えた。そこはプラハの中心地ではなく、団体観光客がやってくる場所ではない。そういう場所にあるスーパーで見かけた日本人の素性はまったくわからない。私とすれ違う時にちょっと観察すると、五〇代の女性が多く、説明しながら歩いているのは三〇代の男性だった。

「水を買うんでしたら、ボダというブランドが一番有名で、ほらこれも、これもボダでしょ」という声が聞こえた。ビンのラベルに書いてあるボダとは、VODAのことだが、それはブランド名ではなく水のことだ。だから、水のボトルにVODAという文字が多く入っているのは当たり前なのだ。「ボダ」はwaterと発音が近いのですぐに覚えた単語だ。のちに調べてみれば、チェコ語だけでなく、スロバキア語やフィンランド語、セルビア・クロアチア語でもVODAに近い語だ。ポーランド語では、wodaだ。ロシア語はローマ字表記すれば、vody。ウォトカ（ウオッカvodka）の語源も、このvoda。

街を散歩していれば、いくらでもチェコ語の看板に出会う。そのなかでずっと気になっていたのが、頭にUがつくレストランが多いことだ。例えば、U Fleku、U Dvou Kocek、U Ciriny などいくらでもある。初めは定冠詞のようなものかと思っていたのだが、どうも違うようで、チェコ人に聞くと、「そのUは、『～のそばに』とか、『～のとなり』にという意味だよ」というのだが、それだけではわからない。何人かのチェコ人と話していてふと頭に浮かんだのは、「～のそばに」という語義を離れて、日本の飲食店につく語、例えば～軒や～屋、～家や～亭などと同じものだと考えればわかりやすいということだ。あるいは、「～の家で」という意味で使うフランス語のchez（シェ）と同じか。

こうやってわからないことを調べていくと、少しは覚える。旅に出る前に覚えようと思っても、私のぼんくら頭では覚えられない。しかし、旅しながらだと少しは覚える。もう少し勉強しようかと思うと、語形変化などややこしい文法にぶち当たって、すぐ挫折する。チェコ語がどれほどややこしいのか説明したい衝動に襲われるが、ここで説明するために勉強するのはけっして楽しいことではないので、書かない。こういう語形変化の多い言語に出会うと、「英語ってやさしいな」とつくづく思うのである。

Uの上にだけ○印が付き、「長く伸ばして発音」という意味になる。したがって、この駅の名はムーステックとなる。

看板のなかほど、右から2本目のビンのラベルに"VODA"という文字。

チェコとプラハの基礎知識

チェコは、日本語ではチェコ共和国、チェコ語ではČeská republika チェスカー・レプブリカ、英語ではCzech Republic チェック・リパブリック。英語のCzechは、国名のほか、チェコ人、チェコ語、そして「チェコの〜」を表す形容詞にもなる。

人口は、東京都よりもかなり少ない一〇五八万人（二〇一七年）、面積は約七万八〇〇〇平方メートルで、北海道とほぼ同じ。国境を接するのは、北からポーランド、スロバキア、オーストリア、ドイツの四国。内陸国なので、海はない。

首都はプラハ、チェコ語でPraha。日本語に近い音だが、プらハと「ら」の音が巻き舌になる。英語ではPrague プラーグ。プラハの面積は約五〇〇平方キロ。正方形なら、二二キロ四方という感じだ。首都プラハの人口は、京都市よりやや少ない一二八万人（二〇一七年）だ。ちなみに、一九九六年にプラハは京都市と姉妹都市になっている。街の標高は二〇〇〜四〇〇メートルくらいの盆地で、寒暖の差が大きい。旧市街を歩いているだけなら平坦な街だと思うかもしれないが、中心部から少し離れると急坂や断崖に出会うことがある。

言語事情は別項目で解説するが、チェコ人が全人口の九四パーセントで、ほかの民族もチェコ語を母語として育っているので、大きな言語問題はない。歴史的に、ドイツ語を使う時代があったり、ロシア語の学習を強制された時代もあったが、現在の、特に若い人たちの第一外国語は英語である。

歴史の話を、ほんの少し。

古代や中世には日本人には見慣れない王国名がいくつも登場するので、ここでは省略する。ごく簡単に言えば、チョコ人が住む王国は、近隣の王国の支配を受け続けた歴史が長くあり、特にドイツ人が移民となって住み着き、技術や学問の先導者になった。ドイツ人やドイツの教育を受けたチェコ人が、チェコ語しか話さない人々を支配して工業国になっていくのが一九世紀までのチェコだが、ドイツからは遠いスロバキアはずっと貧しい農業国であった。

二〇一八年のチェコを旅すると、「1918～2018」という表示をよく見かけた。これは、チェコを支配していたオーストリア＝ハンガリー帝国が第一次世界大戦で敗れ、一九一八年に晴れて独立したからである。それから一〇〇年ということで、写真などを使った回顧展が各地で開催されていた。そういう歴史のチェコと、ハンガリー王国に支配されていたスロバキアが統合して独立して、一九一八年にチェコスロバキアという国が誕生した。初代大統領はトマーシュ・マサリク。

独立の喜びは二〇年しか続かなかった。一九三八年、ナチス・ドイツは、ドイツ人が多く住むズデーテン地方（ドイツとの国境周辺の地域）を割譲せよと要求してきた。できればドイツ人との戦争を避けたいイギリスとフランスは、この問題の解決案をチェコに示した。チェコがドイツに領土の一部を割譲すれば、英仏独はチェコの安全を保障するというもので、これが「ミュンヘン協定」である。

チェコはやむなく、この協定を受け入れて、国境地域の領土をドイツに割譲することに同意すると、ポーランドやハンガリーも同様の要求をしてきた。チェコとスロバキアの内紛に乗じて、ドイツはチェコを保護領にし、スロバキアはハンガリー領となり、第二次世界大戦に進んでいく。

一九四五年、戦争が終わった。チェコ人の対外感情は、チェコを支配したドイツに対する嫌悪と同時に、屈辱的なミュンヘン協定を迫ったイギリスとフランスに対しても、強い反感があった。そして、ドイツと戦いチェコとスロバキアを解放したソ連に対しては好感を持った。そういう感情があったので、終戦後、国土を回復し、チェコスロバキアという国家がまた生まれると、共産党が力を持ち、親ソ連の政権ができる要因のひとつとなったのである。つまり、戦後間もなくの時点では、ソ連が武力でチェコスロバキアを支配したわけではなく、ソ連を受け入れる勢力が国内にあったのだが、共産党が力を持つと、反共産党勢力は排除されていった。

一九六八年、共産党は自由化を押し進める「人間の顔をした社会主義」をめざした。これが「プラハの春」である。この動きに対してソ連はワルシャワ条約機構の四か国（ポーランド、ブルガリア、ハンガリー、東ドイツ）とともに、チェコスロバキアに戦車で侵攻して恐怖を与えたのが、「チェコ事件」である。チェコの歴史を調べていて知ったのは、中ソ対立により、反ソビエト・親中国に進んだアルバニアは、この「プラハの春」事件に抗議して、ワルシャワ条約機構を脱退した。中国を取材していた朝日新聞記者の本多勝一が、鎖国状態にあるアルバニアに突然入国可能になった（一九七一年）裏には、そういういきさつがあったことを思い出した。

自由化への動きはソ連の圧力を受けて封じられた。ソ連が望むよう政策を進めることを、チェコスロバキアの政治用語では「正常化」とカギかっこ付きで書くらしい。

真の自由化が実現するのは、一九八九年。無血革命なので、ビロードの手触りのようにスムースにという意味で、これを「ビロード革命」という。一九九三年には、スロバキアが分離独立して、チェコ共和国とスロバキア共和国が誕生した。分離独立に混乱がなかったので、これを「ビロード離婚」と呼ぶらしい。二〇〇四年に、チェコはスロバキアとともにEUに加盟した。

《チェコの20世紀》

1918年	第一次大戦で、オーストリア・ハンガリー帝国が破れ、チェコが独立。ハンガリー領だったスロバキアも分離独立し、両方が合併して、独立国チェコスロバキアが誕生した。「チェコ人にとっては300年ぶりの自由、スロバキア人にとっては900年ぶりの自由」(『ハンガリー・チェコスロバキア現代史』(矢田俊隆、山川出版社、1987)。初代大統領は、トーマシュ・マサリク(1850～1937)。
1938年	「ミュンヘン協定」以後、ナチスドイツによって、チェコスロバキアは解体され、ドイツの保護領になる。スロバキアはドイツの保護国となる。
1939年	第二次世界大戦勃発。
1941年	ドイツとソビエト開戦(独ソ開戦)。
1945年	ソビエト軍、ドイツ軍を破りプラハ解放。ソビエト、アメリカ両軍がチェコスロバキアから撤退。
1946年	再び独立し、総選挙。共産党勝利。ソビエトとの関係が強まる。
1948年	共産党が地盤を固めるためのクーデーターを起こす。共産党政権が強大な権力を持つようになるが、反発も大きくなる。
1968年	共産党第一書記にドゥプチェクが就任し、「人間の顔をした社会主義」を標語に、自由化路線に歩みを向ける。これを「プラハの春」という。68年のプラハの夏は、ソビエト軍がチェコスロバキアに進軍し、威嚇行為をする。
1969年	ドゥプチェク辞任。政権が「正常化」と呼ぶ親ソ路線を進む。
1989年	激しい反政府デモにより、共産党政権が崩壊し、12月劇作家ハベルが大統領になる。
1991年	ソビエト崩壊。
1993年	チェコとスロバキアに分離独立。別々に国連再加盟。
2004年	EU加盟。

第二章

鉄道と駅の話

マサリク駅　Praha Masarykovo nádraží

日本の大きな鉄道駅のＪＲ線は、例えば東と西、南と北を結んでいる構造のものが多いが、ヨーロッパだと、歴史的に見れば駅は街のややはずれにあって、駅に入ってきた列車が逆向きで出発するスタイルが多い。こういう駅を鉄道用語で端頭駅《たんとうえき》という。石積みの中層建造物が立ち並ぶ街ができた後に鉄道の時代になったから、街なかを鉄道が走るスペースがない。だから、その街にやってきた鉄道は、そのまま線路を逆方向に進んで街を出るしかない。プラハの駅もこのスタイルだから、進行方向別に四つの駅があるのだ。

チョコスロバキアの鉄道は、馬車鉄道や貨物専用鉄道などの時代を経て、旅客を運ぶ蒸気機関車時代に入る。現在、プラハには始発となる駅が四か所ある。市の北にあるプラハ・ホレショビツェ駅はポーランドやハンガリーなど旧東欧諸国を結ぶ鉄道の発着駅である。その南に、あとで詳しく説明するマサリク駅とプラハ中央駅があり、プラハ市の西にチェコの西部方面への列車が出るプラハ・スミーホフ駅がある。

まずは、マサリク駅から調べてみるか。『世界旅行案内』(日本交通公社)の一九七七年版でプラハの地図を見ると、マサリク駅がある場所に「中央駅」と書いてある。これはどういうことだと調べ始めて、駅名の変遷がチェコ現代史そのものだとわかった。

一八四五年に、プラハ最初の旅客駅としてこの駅ができた。当時はまだオーストリア・ハンガリー二重帝国に支配される時代だったから、駅名はドイツ語でプラハを意味する「Prag」だった。つまり、たんに「プラハ駅」だったのだ。以後、ドイツ語名の時代がしばらく続く。一八六二年から一九一九年までドイツ語で「Prag Staatsbahnhof」(翻訳すれば「プラハ国立駅」)という駅だった。

一九一八年に晴れてチェコスロバキアという独立国になったので、初代大統領トマーシュ・マサリク(一八五〇~一九三七)の名にちなみ、「プラハ・マサリク駅」となるも、ナチス・ドイツの支配を受けた一九四〇年から四五年までは、駅のすぐ前の道路の名をとって「ヒベルンスカー駅」という名になった。ドイツは英雄の名を消したかったのだ。

一九四五年に戦争が終わり、ドイツが去り、駅の名はふたたび「プラハ・マサリク駅」となったが、おそらくはソビエトの力が加わったのだろうが、ふたたび初代大統領の名が

この駅を初めて見たとき、マドリッドのサンミゲル市場を思い出した。私にとって、プラハの愛すべき建造物のひとつだ。

消されて、一九五三年から九〇年まで「プラハ・中央駅Praha střed」だった。そして、ビロード革命後の一九九〇年から、三度「プラハ・マサリク駅」となった。

私が好きな鋳鉄とガラスの建造部分は一八六二年に作られたというが、その後たびたび手が加えられている。

宿への帰路、よくこの通りを歩いた。そして、駅の前で立ち止まり、バッグからカメラを取り出した。これが、私のプラハだ。

夜も、ちょっと立ち寄りたくなる駅だが…場末の駅の風情があって、ちょっと物悲しい。

プラハ本駅 Praha hlavní nádraží

チェコ語でnadrazi（ナードラジー）は「駅」で、hlavni（フラブニー）は英語ならmain、major、centralなどという意味だ。「プラハ本駅」と訳している資料が多いのだが、どうもしっくりこない。千葉中央、千里中央（大阪）、鹿児島中央などの例にならい、私はプラハ中央駅としたいのだが、問題がある。その話はあとでする。

本駅か中央駅かなどといったことを考えていると、意外なことがわかった。中央駅関連の資料を読んでいたら、チェコ語の資料に、この駅のドイツ語の名称もあった。前項で書いたように、チェコは過去に「ドイツ語時代」があり、ブルタバ川を「モルダウ」とドイツ語で呼んでいた時代があったのだが、駅名も同様だった。だから、この駅をドイツ語で「Prag Hauptbahnhof」と呼んでいた。中央駅に関する情報をウィキペディアで読んでいたら、こんな記述があった。例によって、ウィキペディアの情報だから信ぴょう性に疑問はあるが、いちおう紹介しておく。

中央駅は、ドイツ語のHauptbahnhof（ハウプトバーンホーフ）の訳語で、都市の交通の中心となる旅客駅のことである。ドイツ語圏やその周辺では、都市の中央駅はベルリン中央駅のように「都市名＋中央駅」という駅名がつけられる。

チェコは、かつて「ドイツ語圏」だった。だから、この駅はドイツ語で「Prag Hauptbahnhof」、つまりプラハ中央駅だったのだ。そして、日本の「中央駅」という呼称もまたドイツ語からの翻訳語だったというのがウィキペディアの解説だ。

さて、プラハの、この駅の話を始めるか。

このプラハ本駅は美しい駅ではあるが、使う出口によっては醜悪な駅でもあるという話も後回しにして、まずは駅名の話をする。この駅も、マサリク駅同様幾度か名前を変えている。

一八七一年に、ウィーンとプラハを結ぶ路線の駅ができた。オーストリア皇帝にちなんで命名されたフランツ・ヨーゼフ皇帝駅が、この駅の最初の名前である。今日のアールヌーボの駅舎は二〇世紀初めから工事を始め、一九一〇年ごろまでには工事を終了したらしい。

オーストリアー・ハンガリー二重帝国の支配下にあったこの地は、一九一八年にチェコスロバキアとして独立した。独立の陰にはアメリカ大統領ウッドロウ・ウィルソンの働きがあったことに感謝して、この駅をウィルソン駅と改称した。一九一九年から一九四〇年までの、この駅の名称だ。

ナチスドイツに支配された一九四〇年以降、「プラハ本駅」と改称されたものの、第二次大戦終了に応じて、ふたたび「ウィルソン駅」となった。しかしソビエトの支配を強く受けるようになり、一九五三年以降、ふたたび「プラハ本駅」となり、現在に至る。

「プラハ中央駅」という名称が問題ありと先に書いたのは、マサリク駅も一九五三年から一九九〇年まで日本語にすれば「プラハ中央駅Praha střed」だったからだ。今ここで取り上げているのは「Praha hlavní nádraží」という駅だから、チェコ語では違う名称なのだが、日本語に訳せばどちらも「プラハ中央駅」となってしまう。だから、この両駅を区別するために、ガイドブックなどでは、中央駅ではなく本駅という翻訳語にしたのだろう。

ところで、「おいおい、なんてことを書くんだ」と言いたくなる記述を見つけた。チェコの資料を読むために、過去の『地球の歩き方』を買い集めた。初めて書名に「チェコ」

が入るのは、『チェコ／ポーランド　91～92』（一九九一年）なのだが、発売当時はまだ「チェコ」という国はなく、チェコスロバキアが国名だから、問題がある書名だ。

それはさておき、一九九一年に発売されたこのガイドブックのプラハの地図を見ていたら、「ウィルソン駅（旧プラハ本駅）」とあり、本文では「プラハ・ウィルソン駅」となっている。「いったい、いつの資料を使ったんだい！」と首をかしげた。ウィルソン駅という名称は、ナチス・ドイツとソビエトによって葬られたはずで、そんな幽霊のような駅名が一九九一年発売のガイドブックに登場するのはおかしい。どうしてこういう誤記になったのだろう。ちょっと気になることがあって、引き続き交通関連の資料を読んでいると、謎が解けた。やはり調べてみるものだ。一九八〇年末のビロード革命以後に混乱があり、ソビエトに支配される前の「ウィルソン駅」に戻そうとする人たちと、そのまま「プラハ本駅」にしておこうという人たちがいて、「ウィルソン駅」派は書類などでこの名を使ったのだが、定着しなかった。そんないきさつがあって、現在の「プラハ本駅」に落ち着いたという。そういう混乱があったのだ。

もう一点、説明しておかないといけないことがある。「このプラハ中央駅は美しい駅ではあるが、使う出口によっては醜悪な駅でもある」と先に書いた。醜悪というのはこういうことだ。

鉄道でプラハに着くと、プラットホームから一階通路に降りて、出口に進む。プラハ本駅から乗る場合は、その逆となる。出入口はただのガラス戸だ。駅は丘にあるので、丘の下にも駅舎を作り、そちらを主要な出入り口にした。この駅前広場はホームレスのたまり場だから、鉄道でプラハに到着した人の第一印象は、あまりよくないだろう。

プラハ本駅の見どころは、アールヌーボの駅舎だ。このドームを見るだけにわざわざ行く価値はあるのだが、プラットホームと出入口を結ぶ通路は、このドームの下をくぐる。だから、気をつけないと見逃すのだ。悪いことに、この美しいドームを出ると、見えるのは高架道路と新駅舎の屋上だ。交通量の多い高架道路だから情緒がない。空港へのバスはここから出る。この出入り口は今でも使えるが、利用者は極めて少ない。

線路は高架ではなく地面
にあるから、ホームから
地下通路に降りて駅舎に
入る。駅舎は丘にあるの
で、地下通路を進むと、
そのまま地上に出る。

駅舎旧館部分。ガラス戸の向こうはカフェだから、
ここにコーヒーを飲みに来てもいい。右手が高架
道路への出口。

写真中央の下の暗い部分が、ホームから
新館にいたる地下通路。だから、通路か
ら見上げないと、頭の上にこういう見事
な駅舎があることに気がつかない。

地下鉄

プラハの地下鉄はA、B、Cの三路線ある。

プラハ最初の地下鉄は、一九七四年営業開始のC線で、A線が七八年、B線が八五年だ。

外国人旅行者にとって最大の問題は、地下鉄がまだ空港へ乗り入れていないことだ。

プラハの地下鉄を調べたついでに、近隣諸国の地下鉄開通年を調べてみるとこうなる。

ブタペスト（ハンガリー）……一八九六年
ブカレスト（ルーマニア）……一九七九年
ワルシャワ（ポーランド）……一九九五年
ソフィア（ブルガリア）………一九九八年

ブタペストの地下鉄は、一八六三年開業のロンドンに次いで世界で二番目に古い。開業当時のロンドンの地下鉄は蒸気機関車が走っていたが、ブタペストは世界で初めて電車が地下を走った。

プラハの地下鉄は実用的には何の問題もなく利用できるが、とりたてて強調するべきところもなく、まあ、可もなく不可もなくというところか。ひとつだけ、「あれっ？」と感じたのは、駅によってエスカレーターの速度がちがうことだ。根拠のない私の想像だが、短いエスカレーターは日本のものと変わらない速度だが、長い（深い）エスカレーターは恐ろしく速い。

プラハの地下鉄でもっとも興味をもったのは、ソビエトの強い影響から解き放たれた一九八九年のビロード革命以後、共産党政権を感じさせる「いかにもな駅名」が変更されたことだ。それはチェコスロバキア現代史の資料だから、名称が変更された旧駅名とその意味を知りたくなった。チェコ語もロシア語もわからないから苦労したが、いくつもの情報を集めて、調べてみた。

Devicka駅は、「ソビエト時代」にLeninova（レーニン）駅だったとわかると、「なるほど」と納得した。その周辺には軍や警察の施設、元はソビエト大使館だったロシア大使館、ソビエトが建てたインターナショナルホテルがある地区で、子供時代の米原万里ゆかりの場所だとわかる。そういう歴史がわかったので、ほかの駅も調べてみた。

Sokolovska……チェコスロバキア軍も参戦したウクライナの対ドイツ戦の戦場名が一九四八年にプラハの地名になり（もちろん、ソビエトの指導だろう）、地下鉄駅名となった。現駅名のFlorencは、イタリアのフィレンツェのこと。

Moskevska……モスクワ。現駅名はAndel（英語ならAngelというのは皮肉か？）

Svermova……Jan Svarma（ヤン・シュベルマ 一九〇一～一九四四）は共産党の政治家。現駅名Jinoniceは地名。

Dukeiska……一九四四年、ソビエト軍の援助を受けてドイツと戦った戦場。ポーランドとスロバキアの国境にあるDukia峠。現駅名Nove Butovicehaは地名。

Fucikova……Julius Fucik（ジュリウス・フーチック 一九〇三～四三）。ナチスと戦ったジャーナリスト。現駅名はNadrazi Holesovice。Nadraziは「駅」、Holesoviceは地名。駅名に「駅」という単語がすでに入っている理由は不明。

Gottwaldova……現駅名のVysehradと同様に地名か？

Miadeznicka……チェコ語mladez（若者）が変化したもの。現駅名Pankracは地名。

Primatora Vacka……一九四〇～五〇年代のプラハ市長Vacla Vacek（一八七七～一九六〇）にち

旧称「宇宙飛行士」駅。現在はHaje駅。プラハ最初の地下鉄であるC線の南の終点。駅周辺はなんの変化もない郊外住宅のようだが、詳しくは調べていない。そこがどういう場所かグーグルマップを見ればすぐわかるのは、幸せなのか不幸せなのか。

なむ。現駅名Roztylyは地名。
Budovatelu……建設者を意味する
budovatelから。現駅名Chodovは地名。
Druzby……友情を意味するロシア語
druzbaから。現駅名Opatovは近くの
道路名からとったか？
Kosmonautu……宇宙飛行士。現駅名
Hajeは地名。

料金

プラハのバス、トラム、地下鉄は共通のキップを使う均一料金制だ。キップは地下鉄駅やトラム駅などに設置されている自動販売機か、街の売店などで買っておく。バスやトラムの車内ではキップを買えない。あらかじめ買ってあるキップを駅やバスやトラムの車内にある刻印機にキップを差し込み、使用日と時刻を自分で刻印する。刻印機を素通りする人が多いが、それだけ無賃乗車が多いということではなく、学生や勤め人など定期券所有者が多いからでもある。旅行者用でも一日券や三日券などがあり、最初に刻印すれば後はいちいち刻印機を使う必要がない。

これから料金の話をするので、チェコの通貨を確認しておく。通貨単位はコルナで以下Kと略す。一Kは約五円。

時刻が重要なのは、使用時間で料金が違うからだ。三〇分有効券が二四K、九〇分有効券は三二K、子供料金は半額。一日券は一一〇K、三日券は三一〇K。もっと長期の定期券のようなものもあり、買おうかと思い料金を調べたら安いらしいので、駅の窓口に行った。詳しい事情を調べるとほかの料金も加算されて、全体的には割安感はないのでやめた。

使用時間が決められているが、その時間内なら一枚のキップでバス↓地下鉄↓トラムと乗り継いでもいい。だから、使用時間を決めているのだろう。そうしないと、一枚で一日中使えることになる。日本のような改札口はないから、物理的には毎日ただ乗りができるのだが、もちろん検札はある。スペインやモロッコではたびたび検札に出会ったが、プラハでは、ひと月ほどいて、ほぼ毎日乗り物に乗ったが、検札はたった一度見ただけで、私自身は検札されていない。

検札を見たのは、地下鉄ムステック駅だったと思う。ホームに行く下りエスカレーターを降りたところ、ホームのすぐ近くだった。長い下りエスカレーターの降り口でキップを調べているから逃れようがない。私は財布からキップを取り出し、右手に持って準備をした。制服の男が四人いるが、三人は楽しげに立ち話をしている。検札をしているのは若手のひとりだけだ。私には近づくことさえしない。無視、あるいはフリーパスだ。私がただ乗りなど絶対にしない、疑いようもなく善良な旅行者に見えたからか、あるいはチェコ語も英語もできそうにない外国人だからかかわると面倒だと思ったからかわからないが、私は無視された。結果的にはこれが唯一の検札目撃体験だった。稀有な体験だろうと思い、検札者をやり過ごしたら振り返って、検札ぶりをしばらく観察した。

相変わらず、働いているのはひとりだけだ。犯罪者発見率、つまり検札したら違反していた者を発見する率は高い。キップを持っていない者はもちろん、キップに刻印していない者も同罪だ。罰金は八〇〇K。三〇分券の三三回分だ。ということは、毎日タダで乗っている人が、月に一度捕まるくらいなら、ただ乗りの方が安くなる確率だ。あくまで確率だから、物事は計算通りにはいかないのだが。

捕まったからといって、あらがう者はいない。確信犯だ。財布からクレジットカードを出し、支払い、それでおしまい。検札者も違反者も事務的で、一分で罰金の支払いは終える。この罰金は、条件によって減額や増額もあるようだ。こういう悠長なことができるのは、旅客が少ないからで、日本の大都市の交通機関では無理だ。

地下鉄の自動券売機。ここで買ったキップは、バスやトラムでも使える。あらかじめまとめて買っておくのが、散歩のコツだ。コインのみ使用可能だから、いつも多めの小銭を持ってないと困る。クレジットカードが使える機種もあり、一度試したら、カードが戻ってこないトラブルがあって、数分困惑したことがあった。以後カードは使わない。

写真左が地下鉄ホームからの出口、右側が入口。写真中央と、右の壁側に刻印機が見える。その刻印機で、Tシャツを着たおばちゃんが、キップを刻印機に差し込み、自分で刻印（使用日時を刻印）しているところ。ヨーロッパでは長距離区間でも、こういう方式が多いと思う。

シュコダ

オーストリア・ハンガリー帝国からチェコスロバキアとして独立する一九一八年以前から、現在のチェコの地は経済的に、近隣の国々とはまったく違う歩みを進めていた。その象徴がŠkodaだ。Sの上に記号があるから、スではなくシュの音になり、シュコダ。創業者の姓だが、「残念」という意味だ。チェコには、こういう変わった意味の姓があるらしい。シュコダは、日本の三菱財閥のようなものだと理解するとわかりやすい。

一八五九年、ビールの産地として知られるピルゼンで生まれた会社を、エミル・シュコダが一八六九年に買収し、軍需品生産から巨大な兵器メーカーになり、発電所、鉱山など次々と手を広げて財閥となる。チョコの近隣諸国は貧しい農業国だったのだが、チェコは一九世紀から豊かな工業国だった。その象徴がシュコダというわけだ。

一八九五年、二人の男が自転車製造会社を作った。ほどなく、自転車にエンジンを付けて売り出し、オートバイメーカーとなった。まるでホンダだ。ただし、チェコのオートバイメーカーは自動車を製造するのではなく、自動車会社を買収しラウリン&クレメントという自動車会社になった。チェコスロバキア独立後も順調に自動車生産をしていたが、一九二四年に工場が大火災にあい、経営が困難になり、買収されることになった。買収したのが、シュコダというわけだ。シュコダは自転車とオートバイの生産をやめて、本格的な自動車会社になった。

第二次大戦後、ソビエトの強い影響下で、工業部門は国有企業のレーニン工業会社と名称を変えられた。レーニン工業会社には、自動車製造部門が二社あった。高級車部門のタトラ社と、中級車シュコダを生産するシュコダ・プルゼニ社だ。

一九六二年、NHK東欧特別取材班はチェコスロバキアを訪れて、自動車工場を見学している。『東欧を行く』(NHK特別取材班、日本放送出版協会、一九六三)を読むと、次のようなことがわかる。

一九六〇年代初めのこの時代、チェコの工業機器を据え付けるために、技術者が日本に何人も行っているという。日本の製品をチェコに輸出するのではなく、日本はチェコの機械を輸入していたのだ。

一九六二年のプラハを歩くと、乗用車が多いことに気がつく。「西ヨーロッパのどこかの町にいるような錯覚を起こす」とNHK取材班は驚いている。東欧のほかの国の町では、そもそも自動車が少なく、ましてや乗用車はもっと少なく、国産車などまったくないのに、「チェコスロバキアでは……」という驚きだ。

しかし、だからといって、国内にはシュコダなど国産車が多く走っているというわけではない。原材料を輸入して、自動車にして輸出するという経済システムなので、製品が国内で消費されると、外貨が出ていくばかりなので、チェコスロバキア人といえども自由にシュコダが買えるというわけではない。社会主義国チェコスロバキアの自動車購入システムはこうだ。購入希望者は、代金を銀行に預け、それぞれが所属する組合に購入希望書を提出する。組合は、その労働者の勤務評定をもとに、順次購入許可を出すということらしい。

一九八八年から八九年のプラハが舞台の小説『コーリャ　愛のプラハ』（ズデニェック・スヴェラーク、千野栄一訳、集英社、一九九七）では、初老のチェロ奏者とその友人の会話で、ワルトブルグではなくて、せめてトラバントを……というやり取りがある。どちらの車も東ドイツ製だ。チェコの自動車生産は、外貨を稼ぐことが主な目的で、国民のためではなかった。

もう一冊資料を紹介しておくと、『チェコの十二ヵ月』（出久根育、理論社、二〇一七）に、こうある。以下の文章の初出は二〇〇七年だから、「数年前」は二〇〇〇年代前半だ。

「数年前のチェコなら、車のイメージといえば年期が入ったロシア製のラダ、東ドイツのトラバント、小さなポーランド製フィアットのポンコットリオ。荷物をロープで屋根にくくり付け、窓を全開にして、裸の男性が暑そうに片腕を窓にかけて運転している、そんな姿でした。しかし、今やチェコでは国産車のシュコダも急増していますし……」

シュコダはチェコスロバキア製の車だが、国民が乗れるような大衆車ではなかったのだ。

一九八九年のビロード革命で、国営企業レーニン工業会社は民営化された。高級車や軍用車を作っていたタトラ社は、一九九八年に乗用車生産から撤退し、路面電車部門もシュコダグループに吸収された。シュコダグループの「シュコダ」車生産部門は、民営化直後、フォルクスワーゲンが一〇〇パーセント出資する子会社シュコダ・オートとなった。

共産党政権下では、東ドイツ製のこのトラバントでも、中古で買えれば幸せだった。いまでも、ごくたまに路上で見かける

街で見かけたシュコダ。当然ながら、シュコダをこれほど見かけるのはチェコの街しかない。

このエンブレムは、発展を象徴する「羽が生えた矢」。

霧の中、ひとり

その日のプラハは急に寒くなり、霧に包まれた。いままで晩夏という感じだったが、その一日だけは急に秋になった。ちょっと遠出をしようと思ったので、早く起きて、宿の朝飯は食べずに霧の街に出た。

天然素材で作ったせっけんやロウソクなどを製造販売しているボタニクスという会社が、プラハ郊外で観光農園のようなものをやっているらしいという情報を得た。天然素材といったものにはまったく興味がないが、プラハの郊外を見に行くきっかけとして、とりあえずの目的地に選んだというのが、この日の遠足だ。出発地は、散歩では何度も行っているマサリク駅だ。ここから西の方向に四五分ほどの鉄道旅行をする。

二階建ての車両に、乗客はほんの数人。朝方郊外に出る人は少ないだろうとは思うが、これでは廃線確実だなと思った。自由主義経済になって三〇年、まだこの路線があることが奇跡かもしれない。

数人の客しかいない路線なら当たり前か、車内は少々汚れていた。気になるほどではないし、ローマからポンペイ方面に向かう私鉄のボロさと比べれば何倍もマシだが、「端正」という印象だったチェコで、これは意外だった。

マサリク駅を出たら、古い低層住宅が見え、すぐに農家らしき家。車窓からの風景を楽しもうと思っていたが、霧でよく見えない。チェコ南部のチェスキー・クロムロフへの鉄道旅行をすでにしているが、その時と同じような農村風景で、特にこれと言った印象のない風景だ。一面の牧草地とか、スペインのようにどこまでも広がるオリーブ畑という特徴がない。高い山も見えない。

四五分ほどで、「Ostra（オストラー）」という車内アナウンスが聞こえて、下車。チェコ語の素人でも聞き取れる言語であり、読めるラテン文字表記に感謝だ。

降りたのは、私ひとり。複線で、ホームが向かい合っている無人駅が霧に包まれている。何かのエンジン音は聞こえるが、人影はない。駅を出ると、道路わきに目的地の「ボタニカルガーデンまで一キロ」という看板があるが、そういう施設がありながら、人影がまったくないというのは不自然だ。いくらなんでも、客が私ひとりというのはおかしいだろう。

下車駅が違ったのか？　手元の資料で確認したが、Ostraで間違いない。ほかの情報を調べると、ボタニクスは五月から九月の営業で、きょうは一〇月に入ったところだ。「あー　あ、やってしまった」とは思ったが、プラハ行きのホームで時刻表を見れば、二五分後に列車が来るから、後悔とか自己嫌悪といったものはまったくなかった。居直りでもやせ我慢でもなく、偶然生まれた時間を楽しもうと思った。幸か不幸か、たかが二五分の時間つぶしだから、この無人駅から遠出ができない。駅周辺の畑を歩き、ホームで音がするので戻ると、制服姿の男女が大きなビニール袋を持って現れ、駅のゴミ箱をからにして、踏切そばに停めたバンにゴミを積んだ。どういうゴミが入っていたか、すでに調査済みだ。菓子らしきものの、空箱だ。

列車到着まで、あと五分。おばちゃんが我がホームに現れ、私のほうを向いて「Dobry den（こんにちは）」といきなり声をかけられたので、おどおどしてしまった。

冬が始まりそうな日の午前中に、何ということはないが、それでも楽しい郊外への旅をした。

郊外からの通勤者を降ろし、物見遊山の私が乗る。車両の外見はちゃんとしているので何とも思わなかったが、車内は汚れていた。古くてオンボロというのではなく、掃除が行き届いていない感じだが、世界水準で言えば合格だろう。

列車を降りると、畑のなかにポツンと孤立する駅だった。ホームにある黄色い機械は、刻印機だと思うが、無人駅だからキップは売ってないのだよなあ。地下鉄のように料金均一制じゃないし。

第三章

マルタ・クビショバーとベラ・チャフラフスカ

マルタ・クビショバー

一

　プラハの博物館はつまらん。入場料を払う価値のある博物館はあまりない。はっきりとそう認識したのは、ムハ美術館だった。その画家の名はMuchaと書く。チェコ語ではchはhの発音になるから「ムハ」である。フランス語では「ミュシャ」と発音し、日本ではこちらのほうを好むようだ。フランスで活躍した画家だ。日本語のガイドブックでは、今は「ムハ」の方が普通だろう。

　プラハにあるチェコの画家の美術館なら、それはもう世界最高の水準なのだろうと思い、大枚二四〇コルナを支払って入場した。二四〇コルナという金額は、その辺の食堂では使いきれないほどの金額だ。わかりやすく言えば、日本でうな重を食べるほどの感覚だと思えばいい。

ところが、そこは美術館というより画廊という程度のもので、見ごたえがない。唯一おもしろかったのがムハの生涯を紹介したビデオ画像（二〇分、英語ナレーション付き）だけだった。これとて、この美術館のオリジナルかどうかわからない。大阪の堺市立文化館「堺アルフォンス・ミュシャ館」には行ったことがないが、ホームページで見る限り、プラハのこの美術館は、規模の点では堺に大敗している。これは、チェコの悲劇と言えるかもしれない。プラハの美術館の入場料は日本円にして約一二〇〇円だが、堺市の美術館は五〇〇円だ。

プラハの国立博物館は改装中だったので、別館の展示しか見ていないから評価はできない。それ以外の、いくつかの博物館に行ってわかったのは、入場料が高いほどおもしろくないということだ。入場料が高くて展示が詰まらないとガッカリ度が高くなるという理屈で、初めから期待をしていなくて、入場料が安いと感動が大きいということだ。

ほんの少し期待したら、思いのほかおもしろくてたっぷり半日遊んでしまったのがチェコ音楽博物館だ。チェコ語でCheske Muzeum hudbyという。コンピューターというのはまことに便利なもので、hudbyが「音楽」だとすぐに教えてくれた。なぜそんなことを調べたかというと、「音楽」はmusicに似たmusik（ドイツ語）とかmuzyka（ポーランド語）のような語だろうと思っていたら、全く違う単語だったので驚いたのだ。セルビア語だって、ローマ字表記すればmuzikaだから。

一二〇コルナを払って入場する。内部は吹き抜けの大きなホールになっていて、ここでコンサートを開くのだろう。展示会場はこのホールを囲むように外側に続いている。出入口付近の回廊で、中古レコードセールをやっていた。個人が集めたレコードを持ち込んで売っているのだろう。ざっとレコードジャケットを見渡すと、ビートルズの時代のものが多いようで、レコードを売っている人たちの世代と重なる。

音楽博物館もまた、美しい建物だ。

館内の主要展示品は古今の西洋楽器で、ボタンを押せばその楽器の音が聞けるのがありがたい。こういう工夫はローマの民族博物館でもあったし、今では大阪の国立民族学博物館にもある。楽器を美術品だと考えれば、ただ展示しているだけでいいのだろうが、やはり楽器は音を聞きたい。

数多い展示室のなかで、まったく楽器のない部屋があった。部屋にレコードプレーヤーとスピーカー、レコードがちょっとある。ジャケットがボロボロになったLPが一〇枚ほど。シングル盤が五枚ほど。クラシックはない。全部ポピュラー音楽だ。「どうぞ、ご自由にお聞きください」ということらしい。チェコのポピュラー音楽を聞きたいと思っていたからちょうどいい。今でもよくやる「ジャケット買い」の要領で、ジャケットをにらんで、どういう音楽が詰まっているのか想像しながら、プレーヤーにレコード盤を置いた。幸か不幸か入場者が極めて少ないので、レコード室を占領できる。レコードをかけるのは三〇年以上やっていない。レコードに針をのせる。シャキシャキというレコード音がなつかしい。

ここで、そのレコードに出会った。

二

そのLPレコードは、白黒写真を青地で囲ってある。女性歌手の姿に一九六〇年代を感じる。日本で言えば、カルメン・マキや浅川マキの雰囲気だ。ほかのレコードは、保守本流の流行歌ヒット盤やディスコのバンド風だから、このレコードは異彩を放っている。

レコードをかける。一曲目は、よく知っている曲だ。「ヘイ・ジュード」。ああ、そうか。これか。いわくつきのレコードだ。カメラを取り出し、ジャケットを撮影する。ノートを取り出し、歌手名をメモし、感想を書きつける。

ジャケットに書いてある〝MARTA KUBISOVA〟という歌手の名に記憶はないが、「チェコのヘイ・ジュード」という取り合わせには記憶がある。一九六八年の「プラハの春」に関係する歌だ。

NHKが放送した音楽ドキュメント「世紀を刻んだ歌」で、この歌手と歌と当時の政治事情を紹介したというかすかな記憶があった。ビートルズの「ヘイ・ジュード」が反体制的な歌として歌われた時代があったという番組内容だったと思う。のちに調べると、その番組が放送されたのは二〇〇〇年らしい。

Marta Kubišová。記号をつけて表記すれば、こうなる。sの上についている記号はsがshの音になるという意味だ。aの上についている記号は長母音化の記号だ。だから、彼女の名は、マルタ・クビショバーとなる。帰国後、一九四二年生まれといったことくらいはインターネットですぐにわかったが、詳しいことはわからなかった。『ベラ・チャスラフスカにについて調べていたら、マルタに一章を割いている本に出合った。『ベラ・チャスラフスカ　最も美しく』（後藤正治、文藝春秋、二〇〇四）の第九章「歌声は消えず」だ。

マルタの父が医者だということで、共産党政権下ではブルジョワの娘は大学進学が認められず、高校卒業後ガラス工場の工員になる。地方都市からプラハに出てきたのは二四歳。女性三人組のアイドルとして運よくデビューし、大人気芸能人となる。

一九六八年、ソロ歌手となった彼女は、「マルタの祈り」という歌を吹き込む。宗教戦争で故国を追われた教育者コメンスキー（一五九二〜一六七〇）が、異国で故郷モラビア（現在のチェコ東部）を想う望郷の歌だ。録音した直後、「人間の顔をした社会主義」を目指していたチェコスロバキアにソビエトを中心としたワルシャワ条約軍の戦車が侵入し、自由化を制圧する。自由な社会にしようという「プラハの春」がぶち壊された、一九六八年八月の軍事制圧である。これをチェコ事件という。

録音しただけでまだレコードにもなっていない「マルタの祈り」のテープは、ラジオやテレビの放送局に運ばれ、ワルシャワ軍の目をかすめ「地下放送」で流された。ワルシャワ軍が引き上げたあとには、この歌の映像も作られ、シングル盤が発売された。同時に、ヘイ・ジュードのカバー曲（歌詞はまったく違う）も加えたＬＰレコード「SONGY A BALADY」（英語にすればSong and Ballad）が発売された。私がチェコ音楽博物館で手にしたのがそのレコードだ。

チェコの公安警察は、「マルタの祈り」は反ソビエトの歌だとして自己批判書にサインするように強要したが、マルタは拒否した。その結果、このLPは発売禁止及び廃棄処分になり、マルタは一切の音楽活動が禁止された。マルタは自宅で袋張りの内職をする生活となったが、「マルタの祈り」は愛国歌として、その後もチェコスロバキア人の心に深く浸透していった。

三

公安がマルタに求めたのは、「私は悪いことをしました。申し訳ありません」という始末書にサインするか、外国に出ていくかの、どちらかだった。外国で騒ぐだけなら、国内には影響はないという考えだった。マルタは、その両方を拒否した。

普通の国民には外国旅行の自由はなかったが、反政府的人物は国外亡命を推奨していたらしい。マルタの最初の夫は映画監督のヤン・ネメツだが、離婚してアメリカに亡命した。同じく、ワルシャワ条約軍が侵入した一九六八年のチェコ事件を機に、アメリカに亡命した映画監督がいる。ミロス・フォアマン、チェコ語風に読むと、ミロシュ・フォアマン（一九三二〜二〇一八）である。

フォアマンといえば、精神病院を舞台にした大傑作「カッコーの巣の上で」（一九七五）の監督だ。今回調べてみるまで彼がチェコ系だということは知らなかったが、「チェコ事件以後亡命」と知って、映画の舞台となる精神病院とはチェコスロバキアあるいはソビエトだったのではないかという気がする。刑務所の強制労働が嫌だということで、精神病患者と偽って入院してきたのがジャック・ニコルソン演じるマクマーフィーだ。あの映画を見たのは八〇年代に入ってからだったが、その当時に抱いた感想、例えば強権の看護師長は、東ドイツかソビエトのイメージの演出ではないかと感じた記憶がある。監督について何も知らないときに、あの病院に東ドイツとソビエトを感じていたのだ。仮病なのに、病院に収容されているうちにおかしくなるというストーリーを思い出すと、病院が当時のチェコスロバキアと重なるのだが、現実はちょっと違うらしい。

プラハの春関連の資料を探していると、NHKが放送したBSスペシャル「冷戦　第一四回」。の映像をネット上で見つけた（放送年不明）。ここで、ミロス・フォアマンが一九六八年以前の検閲について語っている。

「検閲そのものは、そんなにひどいものではありませんでした。しかし、検閲制度がもたらしたものは最悪でした。芸術家たちは自分で自分を検閲するようになってしまったんです」

この話で、チェコがちょっとわかる気がした。これが中国なら、表現者を監禁や軟禁にして、場合によっては「行方不明」にするだろうが、チョコはそこまではしていない。一九八九年の自由化を求めるデモに警官隊は対峙したが、韓国のように軍が市民を撃ち殺すようなこと（一九八〇年、光州事件など）はしなかった。タイでも、警察や軍がたびたび市民を路上で虐殺している。一九六八年のプラハの春までは、「チェコスロバキアはソビエトの優等生」と言われるような警察国家だったらしいが、それでも当時の中国や韓国と比べれば、規制は比較的ゆるかったのだろう。厳しくなるのは、それ以後のソビエトの支配を強く受ける「正常化」時代だろう（ソビエトのポチになることを、チェコの政治用語で「正常化」という）。誤解のないように書いておくが、私は共産党政権時代に人権侵害はなかったと言っているのではない。『遅れたレポート』（L・ムニャチコ、来栖継訳、岩波書店、一九九〇）という本があるように、圧政はあった。

一九八九年のチェコ。のちに「ビロード革命」と呼ばれた自由化運動は、数百人のけが人とひとりの死者がいたらしい。警官に殴られた者はいくらでもいたが、市民に袋叩きにあっている警官の映像も見た。それでも発砲事件にはならなかったようだ。

一九八九年一一月二四日、共産党中央委員会はフサーク大統領やヤケシュ第一書記の辞任を発表し、事実上共産党政権が崩壊した。夕方、市民たちは、自由を得た喜びを確認するために、バーツラフ広場に集まった。広場に面したビルのバルコニーに、政権に抑圧されながらも反体制の姿勢を貫いた人が登場した。

チェコスロバキアを自由な国にする「プラハの春」の中心人物、「人間の顔をした社会主義」運動のリーダーだった元共産党第一書記アレクサンデル・ドゥプチェク。自由化運動でたびたび逮捕されていた劇作家バーツラフ・ハベル。彼は、翌一二月に、チェコスロバキア共和国最後の大統領になり、九三年にチェコ共和国の初代大統領になった。自由化を求める放送をしたテレビキャスター、カミラ・モウチコワ。体操の金メダリスト、ベラ・チャスラフスカ。そして、歌手マルタ・クビショバー。彼女は、広場に詰めかけた人々を前に「マルタの祈り」を歌った。

市民の心は、「プラハの春」をズタズタにされたチェコ事件の悔しさと、自由化に動き出したこの「ビロード革命」の喜びが交じり合っている映像が残っている。

『桜色の魂』(長田渚左、集英社、二〇一四)によれば、ビロード革命のこのとき、偶然にもプラハに日本テレビのスタッフがいて、チャスラフスカにインタビューしている。レポーターは別番組で取材に来ていた徳光和夫だったという。

四

マルタ・クビショバーもベラ・チャスラフスカも、初めから筋金入りの活動家だったわけではない。チェコ事件の以前も以後も、共産党政府ににらまれた有名人などいくらでもいたが、多くは共産党に恭順の姿勢を示すか、あるいは政府の勧めに応じて亡命した。しかし、ふたりは、最初の「Ne」(チェコ語の「No」は英語の「Yes」だからややこしい)を最後まで言い続けて拒絶した。

マルタは芸能界に入ったときはアイドル歌手だった。歌で自由を訴えたいという思想はあまりなかったと思う。それなのに政治運動に入っていった理由はふたつある。ひとつは、医者の娘だということで大学進学を禁じられ、やむなく工員をやらされたことに対する怒りだろう。もうひとつの理由は、最初の夫ヤン・ネメッツの影響だ。映画監督の彼は、反体制思想の持ち主で、同じ思想の持ち主の活動家で、のちに大統領になる劇作家バーツラフ・ハベルは、彼のいとこだ。だから若い時から、ハベルと親交があり、マルタの最初のLPレコードに入っている"MAMA"のミュージック・ビデオにエクストラ出演しているという情報があったが、見つけらなかった。その後もハベルとの交友は続き、ハベルが逮捕されたときは、マルタがハベルに代わって自由化運動のリーダー代行を務めた。

チェコスロバキア最後の大統領（在位一九八九〜九二）であり、チェコの最初の大統領（在位一九九三〜二〇〇三）になったハベルは、二〇一一年死亡。七五歳。二〇一二年、彼の功績をたたえ、プラハのルジィーニエ空港がバーツラフ・ハベル・プラハ空港と改称された。

ちなみに、バーツラフ（Vaclav）という名はチェコでよくある男の名前で、有名なのはこのハベル元大統領や、バーツラフ広場の元となる民族の英雄バーツラフ一世（九〇七〜九三五）だろう。チョコ以外でもこの名は広く使われ、ポルトガルでは現代の正書法でVenceslauとなり、日本でもよく知られる外交官にして作家のベンセスラス・デ・モライス（一八五四〜一九二九）がいる。

チェコの自由化運動「プラハの春」を推し進めた当時の共産党第一書記のアレキサンデル・ドゥプチェクは、六八年のチェコ事件でソビエトに連れ去られ、帰国後は失脚し、国有林で工員をさせられていた。八九年のビロード革命で復権したが、一九九二年に交通事故で死亡した。ベラ・チャスラフスカの話は、別項で書く。

五

二〇〇〇年に、ＮＨＫ「世紀を刻んだ歌」を見ているが、記憶はあまりない。確認したいことがあるので、録画したはずのＤＶＤを家中探したが、見つからない。これまたはっきりした記憶ではないが、二〇一八年ころに、再放送したような気がするが、そのときはチェコに行こうとは思っていなかったから、また見る気がしなかった。

ネット上に動画がないかと探したが、なかなか見つからない。検索語を変えてしばらく探すと、中国語の字幕が付いたものを見つけた。日本語字幕の上に中国語の字幕が付くから、日本語字幕が読めなくなるからじゃまだが、中国人に見せようと中国語字幕を付けた意図はよく分かる。チェコでは、表現の自由が弾圧された歴史は一九八九年に終わった。中国では以前にも増して厳しくなり、個人崇拝の強要を迫っている。その国の民に、自由を勝ち取ったチェコの姿を見せたいのだろう。

NHKのこの番組は、日本人の視聴者を意識してヘイ・ジュードを中心にしているが、歌と社会運動という点では、「マルタの祈り」の方が重要だろう。マルタ版ヘイ・ジュードは、それがビートルズの歌だとわかった人には反政府的メッセージは効果的で、だから西欧や日本では話題になったのだろうが、チェコスロバキアの全国民の心に訴えるという点では「マルタの祈り」の方が影響力が強かったと思う。しかし、日本人になじみがない歌では、日本のテレビ番組では訴える力が弱いとNHKは考えたのだろう。ビートルズを持ってこないと、日本人はチェコには興味をもたないと考えたのだろう。それは正解だとは思うが、こうして調べていくと、テレビ番組とは異なる面が見えてくるのが興味深い。

六

チェコ音楽博物館から宿に帰った日の夕方、受付けカウンター付近ではジャズが流れていた。デイブ・ブルーベックの「トルコ風ブルー・ロンド」か。「ラジオ?」。棚のラジオを指さしたら、パソコンに向かっていた若い男が、「いや、これ」とパソコンを指さした。何人かいるスタッフの中で、彼はもっとも親切で人懐っこい。何度か親切にしてもらっている、その彼が音楽好きならちょうどいい。ひまそうだったので、この機会にいろいろ教えてもらうことにした。

そのひとつがチェコ音楽のことで、いずれ帰国直前にチェコ音楽のCDを買って帰ろうと思っているので、音楽博物館で書いたメモのマルタの項を指さして、「この人はどんな人?」と聞いた。その時は、私はまだマルタのことを知らなかった。

「ああ、マルタ・クビショバーね。不屈の人だよ」と、簡単な経歴を説明してくれた。

「彼女を街で見かけることがあるけど、素敵なレディですよ。僕はジャズとアフリカ音楽ばかり聴いていて、チェコの音楽には詳しくないけど、それでも彼女のことは、よく知っている。チェコのミュージシャンをあなたにひとりだけ推薦するなら、JIRI SCHELINGERかな。聞いてみてよ」

そう言って、私のノートに推薦盤を書いてくれた。私もアフリカ音楽とジャズを聴いていることが多いが、仕事中の彼とその話まではできなかった。

それからだいぶたったある日の夜、私はテーブルひとつだけの中国料理店にいた。レンガの建物の中の店だが、ドアの立てつけがえらく悪く、ゴムのベルトで引っ張らないとドアが閉まらないし、床がゆがんでいるからバラックの店にいるような気分だった。宿の近くにある店で、狭いから持ち帰り専用に近い営業形態だった。

私が皿の飯に炒め物を乗せたような料理を食べていたら、「すいません。ここ、いいですか?」と、若者が声をかけて来た。高校を卒業したばかりといってもいいくらいに、若い。たったひとつしかないテーブルを使っているのだから、相席に文句などない。とりとめのないことをちょっとしゃべると、彼は割合英語がしゃべれることがわかり、話が弾んだ。プラハからちょっと離れた街の高校を卒業してプラハに出てきたと言った。

彼が食事を終えたところで、「そうだ、ちょうどいいな」とひらめいて、チェコの若者が考える人気歌手やバンドを教えてもらうことにした。ノートを広げて、解答を書いてもらった。

第一問は、キミが好きかどうかに関係なく、とにかくチェコで人気ナンバー1の歌手は？

「何といっても、KAREL GOTTでしょうね」

第二問はキミが好きなチェコの歌手やバンドは？

「うーん……、BLUE EFFEKTと、あとはFLAMENGOの"KURE V HODINKACH"と、まだいくらでもあるけど……」といって、私のノートにバンドの名を書いてくれた。そうやって音楽の話をしていたら、「実は、ボク、ミュージシャンなんだ。来週ロンドンでレコーディングするんだ」

「バンド？」

「そう、こういうバンド」と、私の日記にバンドと曲の名を書いた。

「LA MIND "BLUE CLOUDS BLUE WAY"」

それからまたとりとめのない話をした。若いミュージシャンにありがちな、肩ひじ張って精一杯尖ったふりをするというふうではなく、優しい少年だった。

「あっ、そろそろ行かないと。これから友だちのライブがあるんだ」

ふたりで店を出た。食事代は私が払った。ふたり合わせて一〇〇〇円だから、安いものだ。

「じゃあ、いずれYou Tubeで会うことになるのかな?」と冗談で言ってみると、

「そのうち……、来週にでもアップします。見てください。ごちそうさまでした」

そういって、セイフェルトバ通りで別れた。

二〇代のころなら、このまま彼についていって、いっしょにライブを見て、そのまま誰かの部屋に泊めてもらい、その翌日は出会ったばかりの別の人の部屋に泊めてもらい……という旅をしていた。もうそういう気分にならない自分がちょっと寂しいのだが、この歳で徘徊はまずいだろうとも思う。若い時は、他人に親切にしてもらえるし、好意にすがっていた。それでいいと思う。だが、歳をとると親切にしてあげる側にまわり、その後長生きすればまた親切にされる側になるかもしれない。

その「友人のライブ」というのは、私の趣味には合わない音楽のような気がして、聞いてみたいとは思わなかった。その夜は、ちょっと寒かった。宿で熱いコーヒーを飲みながらテレビの音楽番組を見ていた。

帰国して、まずプラハで買ったマルタのCDを聞いた。それから、パソコンに向かった。プラハの夜に出会ったあの若きミュージシャンが紹介してくれたチェコの歌手やバンドの動画を探したら、じつに簡単に見つかった。

チェコスロバキア最大の人気歌手というKAREL GOTT（一九三九〜二〇一九）。うん、なるほど。カレル・ゴットは一九六〇年代から活躍してきた国民的歌手か。昔の映像も、最近の映像も見つかる。

宿のスタッフが教えてくれたJIRI　SCHELINGERの歌。ジリ・シェリンジャー（一九五一〜一九八一）は、チェコの伝説的ロック歌手で、八一年に橋から飛び降りて死亡。自殺か、権力側による殺人かなどとウィキペディアに書いてあるが、中華料理屋で会った若きミュージシャンは、「精神的に壊れていて、自殺した」と説明した。彼のCDも買ったが、インターネットで昔の動画がいくらもあることがわかった。

引き続き、チェコのポップミュージックの動画を次々に見ていく。チェコにパソコンを持って来ていれば、現地でこういう動画がいくらでも見られたのだが、そんなことをしたら散歩をする時間が無くなる。誰かと話をしている時間が無くなる。いつも充電を考えていると、ドミトリーでは、宿でコンセントの奪い合いになる。そういう旅をしたくないのだ。

さて、あの夜出会った若きミュージシャンをYou Tubeで探すか……

残念ながら、私好みではなかった。

ベラ・チャスラフスカ

一

ムハの絵で知られる市民会館のすぐそばに、共産主義博物館というものがある。ジョージアから来た留学生にこの博物館に行ったと話したら、とたんに顔をしかめた。「共産主義のどこがいいんだ」と言いたい顔つきだが、もちろん共産主義礼賛の博物館ではない。「あのひどい時代はこうだった」という記録と、人々はその共産党政権といかに戦ったという記録が九割に、「それでも懐かしい昔の生活の再現」が一割というのがその博物館の構成だろうか。幸せにも共産党政権下で暮らしたことがない私には、それなりに興味深かったし、ビデオ室で現代史の映像をじっくり見ることができたのが収穫だった。

ムハの絵があることでも知られる市民会館。そのすぐそばに共産主義博物館がある。

「あの時代、こういうつまらない絵ばかりでした」という展示だろう。こういう絵画を、ハノイの美術館でも見た。

共産党政権下の映像の中に、陸上選手のトレーニング風景があった。顔を見てもまったく知らない選手だが、字幕を見てわかった。

Emil Zátopek（一九二二〜二〇〇〇）。チェコ語ではザートペックだが、日本ではザトペックとして知られる陸上選手だ。オリンピックでザトペックが走っている昔の映像は見たことがあるが、どういう顔つきの人だったかまったく記憶にない。この博物館にザトペックの動画があったのは、有名な陸上選手だったからというだけではない。

ザトペックは、一九四八年のロンドン・オリンピックで、陸上一〇〇〇〇メートルの金メダリスト。次の一九五二年のヘルシンキ・オリンピックで、五〇〇〇、一〇〇〇〇メートル、マラソンの三種目で金メダル獲得という驚異の成績を収め（この記録はいまだ破られていない）、英雄となったということは今回調べて知った。チェコに行く前に知っていたのは、ザトペックという名前と、「人間機関車」というニックネームだけだった。彼の国籍も成績も知らなかった。

「人間機関車」というニックネームは、あえぎながら苦しそうに走ることからつけられたようで、日本人の命名かと思ったが、英語の資料には“Czech Locomotive”（チェコの蒸気機関車）という表現がある。欧米の、どこかの誰かが言い出して、日本でも巷間に広まったのだろう。ザトペックといえば、野球に興味も知識もない私でも、「村山実のザトペック投法」は、その意味はわからないものの、聞いた記憶はある。調べてみれば、こういうことだ。村山実は関西大学二年生だった一九五六年に大活躍して、苦しそうな投球スタイルから「ザトペック投法」と呼ばれたという。ヘルシンキ・オリンピックが一九五二年だが、五六年になっても、ザトペックが日本人の深い記憶に残っていたのだ。昔は、今と違って記憶に持続力があった。それでも、ヘルシンキ・オリンピックの年に生まれた私には、同時代感覚は当然ない。記録映像などで「ザトペック」という陸上選手が走る遠景は見ているが、顔を見た記憶はなかった。プラハの博物館で、在りし日のザトペックに出会い、彼がチェコスロバキアの選手だったと初めて知ったのである。

ザトペックはチェコの英雄ではあるが、そういう理由でこの博物館に映像が公開されていたわけではない。一九六八年のプラハの春の時代、つまり「人間の顔をした社会主義」を進めようという時代に、共産党のその姿勢を支持する市民が「二千語宣言」に署名した。発表したのは、一九六八年六月だ。数万人の署名があったが、有名人ではこのザトペックや、ザトペックと入れ替わるように一九五八年から国際大会に姿を見せた体操選手ベラ・チャスラフスカがいた。

チェコに侵攻してきたソビエトは、この「二千語宣言」を反革命的行為だと断定し、ソビエトのあやつり人形となったチェコスロバキア政府は、二千語宣言署名者に圧力をかけていくことになる。

走るザトペック

プラハの春と、それをソビエトがつぶしたプラハ事件と、いっぱいのメダルを持ち帰ったベラ・チャスラフスカ（下から2枚目の写真）。博物館の展示。

プラハでも各地区で「1918〜2018展」や、「1968年から50年展」の写真展が開催されていた。

二

プラハの共産主義博物館以後、チェコを旅していて、若きベラ・チャスラフスカの写真に何度か出会った。二〇一八年は、チェコスロキアが独立した一九一八年からちょうど一〇〇年ということで、各地で「1918〜2018」と題した催事が開かれていた。チェコの現代史を示す写真のなかに、ベラの笑顔が何枚もあった。

彼女の名前はチェコ語でVěra Čáslavskáだから、近い発音をカタカナ表記すれば「ビエラ・チャースラフスカー」のようになる。eの上に記号がつくとieの音になるのでvieraという発音になるのだが、ここでは慣用を重んじベラ・チャスラフスカとし、長いのでベラと書く。

彼女が体操界で頭角を現すのは、一九五七年のチェコスロバキア選手権に出場した時だ。一五歳だったが、ジュニア部門ではなく一般女子の部で六位に入ったときだろう。以下、年表風に活躍を書き出してみよう。

一九六〇年　国際大会（プラハ）で優勝。オリンピック（ローマ）では団体総合二位。
一九六一年　ヨーロッパ選手権（東ドイツ）で個人総合三位。
一九六二年　世界選手権（プラハ）で個人総合二位。種目別では跳馬で優勝、徒手（床）で三位。
一九六三年　プレオリンピック大会（東京）で総合三位。跳馬と段違い平行棒で優勝、徒手（床）で二位。
一九六四年　東京オリンピック。平均台、跳馬で優勝。個人総合でも優勝し、合計三個の金メダルを獲得し、いままで首位を占めていたソビエトに勝利した。団体総合はチェコスロバキアが銀メダル。

東京オリンピックの次が一九六八年のメキシコ・シティだが、チェコスロバキア人にとっては、プラハの春と、それがソビエトを中心としたワルシャワ条約軍によってつぶされたチェコ事件があった、あの一九六八年である。

一九六八年一月五日、スロバキア共産党第一書記のドゥプチェクがチェコスロバキア共産党の第一書記に就任した。これにより、「人間の顔をした社会主義」を進めるために、検閲を廃止し、自由化に動き始める。

六月二七日　二千語宣言発表。ザトペックやベラらが署名。

八月二〇日　ワルシャワ条約軍がチェコスロバキアに侵攻。プラハは戦車でうまる。

一〇月一二〜二七日　メキシコ・シティーでオリンピック開催。

メキシコのオリンピックとプラハの春が同じ一九六八年だということは知っていたが、オリンピックの後にワルシャワ軍の侵攻があったのだと思っていた。首都を戦車に占領された状況では、とてもオリンピックに参加などできないだろうと思っていたからだ。

現実は違った。出場が危ぶまれていたチェコスロバキア選手団は、いろいろと障害があったもののメキシコに来た。そして、ベラはソビエト選手に勝った。個人総合、跳馬、段違い平行棒、床で金メダル。団体総合は銀メダルだった。床はソビエトのラリッサ・ペトリクと同点一位だった。その授賞式では、チェコスロバキア国旗とソビエト国旗は一本の棒で同位に掲揚され、国歌演奏はチェコスロバキアが先だった。後半のソビエト国歌演奏になると、ベラは視線を右下に外し、ソビエトのチェコ侵攻に静かに抗議した。

ウィキペディアでは床ではなく「平均台競技で……」と長い解説をしているが、映像が残っているのでおそらく勘違いだろう。やはり、ウィキペディアの信頼度は低い。

一九六八年のメキシコ・オリンピックと言えば、アフリカ系アメリカ人選手が、表彰式で黒い手袋をつけた手を空に突き出すという姿で民族差別に抗議するという出来事があった。その結果、オリンピックに政治を持ち込んだという理由で金メダルを剥奪された。その事件は、ベラの床運動の九日前だったので、メダルを剥奪されるような抗議はしないように、「ギリギリの線を考えて、顔を背けました」(『桜色の魂』〈長田渚左〉)と、ベラは後日語っている。

一九七〇年六月　ソビエトと対抗してきた共産党の改革派幹部は除名され、プラハの春は終わる。ソビエトの意のままに政治をする「正常化」の時代に入る。

今書いた情報は、調べたことを書いただけで、同時代体験があったわけではない。ベラ・チャスラフスカは、ソビエトに対峙した凛々しい体操選手としてほんの少し知っていただけだ。

三

メキシコ・オリンピックで大活躍したベラは英雄となり、同じくオリンピック陸上選手のヨゼフ・オドロジルと結婚した。ソビエトに支配されたチェコスロバキア政府は、解放政策を支持し他国の妨害を許さないという趣旨の「二千語宣言」に署名した者を、反ソビエト思想の代表的人物とみなし、英雄となったベラを表舞台に立てないようにした。すべての職に就くことを禁じる兵糧攻めだ。外国、特に日本で人気の高いベラを陰に日向に応援する人たちがいて、様々な手を尽くして国際的な場に連れ出し、金銭的な援助もした。しかし、国内的には、世間から抹殺された状態に放置された。

そして、一九八九年の民主化、ビロード革命で再び注目を浴びて、一九九〇年にハベル大統領の補佐官に就任した。同時に、オリンピック委員会会長、チェコスロバキア・日本友好協会名誉会長など、一気に表舞台に立つ。

一九九三年、悲劇が起こる。別荘近くのディスコで、息子のマルティンと、すでに離婚している元夫オドロジルが出くわした。泥酔している元夫は、店内で騒ぎを起こし、止めに入った息子が父を殴り、父は倒れ、頭を打って死亡したという事件だ。

このスキャンダルで、世間は一気にベラ非難に傾いた。多くの国民は共産党政権時代、「正常化」の圧力に屈して、政権に恭順の意を表した。簡単に言えば、本意であるかどうかにかかわらず、転向することで、普通の生活を取り戻したのだ。しかし、ベラは屈しなかった。過去を後ろめたく感じていた人たちは、ベラの姿がまぶしくて、ジャンヌダルクのスキャンダルに留飲を下げたのだろう。前夫の実家が権力筋であったということもあり、表現の自由を得たマスコミはありもしない話をでっちあげ、ベラを蹴落とした。後藤正治は『ベラ・チャスラフスカ　最も美しく』でそう解説する。

非難を浴びた結果、今度はベラが自分自身を閉じ込めた。うつ病となり、外部との接触を断ち、入院生活を送ることになった。ノンフィクションライターの後藤正治がベラの本を書きたいと思い、何度も接触を試みたが果たせず、ベラとは通訳を介しての質問状のやり取りしかできなかった。『ベラ・チャスラフスカ　最も美しく』（文藝春秋）はそういう不自由で不幸な事情で取材し、二〇〇四年に出版した。

医者から、「もう回復することはないだろう」と言われていたベラは、一四年間の沈黙の後、奇跡的に社会に復帰した。長田渚左は、回復したベラと会い、何度か長時間のインタビューをしている。その取材が結実したのが、『桜色の魂　チャスラフスカはなぜ日本人を五〇年も愛したのか』（集英社）で、二〇一四年に出版した。この本の最後はモハメド・アリの話で締めくくっている。ベラもアリも、ともに一九四二年生まれで、ともに一八歳でローマ・オリンピックに初出場し、ベラは銀メダル、アリは金メダルを獲得し、その後波乱にとんだ人生を歩んだ。この本は二〇一四年の出版なので、そのあとの事情をここで書き添えておく。

モハメド・アリは、二〇一六年六月三日、敗血症ショックで死亡。七四歳。

ベラ・チャスラフスカは、二〇一六年八月三〇日、膵臓ガンで死亡。同じく七四歳。長田渚左は「Web Sportiva」（二〇一五・一〇・一二）に、ベラが亡くなる前年の様子を「東京五輪から五一年。ガンと闘う『名花』ベラ・チャスラフスカ」というタイトルで長い文章を書いている。

　一九四二年生まれの人を、あとふたり、この文章で触れている。浅川マキは二〇一〇年に亡くなっている。同じく一九四二年生まれのマルタ・クビショバーは今も元気に歌っている。

1968年10月。ベラのメキシコ・オリンピックの金メダルと抗議。ジミ・ヘンドリックスの「エレクトリック・レディランド」発売。チェスキー・クロムロフの地域博物館の「1968年展示」。奇しくも、ジミ・ヘンドリックスも1942年生まれ、1970没。

1964年、東京オリンピックから帰国したベラ。

そして、1968年。写真上下いずれも、野外の現代史写真展にて。

第四章

チェコの食文化

家庭料理

宿で会った旅行者たちとの雑談で、チェコの料理が話題にのぼったことは何度もある。思い返してみれば、「ひどくまずい！」と言った者はいなかったが、「とてもうまい！」と言った者もいなかった。もし、その場にフランス人やイタリア人や中国人の「自称食通」がいたら、チェコ料理に対して悪態をつくかもしれないが、私の印象は、「まあ、可もなく不可もなく、かな？」だった。チェコの料理に対して期待がないから、失望もなかった。タイ料理のように、「こいつはうまい！」もなければ、「こんな臭い草が食えるか！」という怒りもない。

チェコで、「可もなく不可もなく」という料理を毎日食べていてふと気がついたのは、「家庭料理って、そういうもんだよな」ということだった。母が作る料理が、「毎日、感動的にうまかった」ということはあまりないし、毎食「まずくて食えない」ということもない。家庭料理とはそういうもので、それでいいし、それがいい。私のような旅行者が口にする料理も、そういう家庭料理だから、「可もなく不可もなく」でいいのだとわかってきた。

チェコスロバキアは東西に長いが、地形的に大きな変化がないので西半分のスロバキアも、東半分のチェコも地域的な変化はあまりないようだ。周囲を外国に囲まれた内陸国だから、周辺の国の食文化と大きな違いもない。海がない国だから、海産物はほとんど口にしなかった。要するに、ポーランドやハンガリーなどと大差ない食文化なのだろうと想像がつく。食文化がドイツとも近いとすれば、朝と夜は、パンとチーズとハムやソーセージを食べ、昼だけは煮込みなど暖かい料理を食べるというのが伝統的な食生活だろうと想像がつく。

チェコのレストランの料理を写真で紹介し、簡単な解説をつけたようなガイド類はいくつもあるが、チェコの食文化を解説したものはほとんどない。「朝日百科　世界の食べもの」(朝日新聞社)が日本語では唯一の資料だが、チェコの食文化がはっきりと見えてきたわけではない。チェコの食文化を教えてくれる日本語の数少ない文献は、『プラハの春は鯉の味』(北川幸子、日本貿易振興会、一九九七)だろう。著者がプラハに滞在したのは一九九五年三月から九六年一一月までなので、時代が大きく変わる瞬間の生き証人だということがよくわかる。そういう点でも、すばらしい滞在記だといえる。ちなみに、この書名は、日常、魚を食べる習慣がないチェコでは、春になると鯉を食べるという食習慣による。

この『プラハの春は鯉の味』を読むと、私の想像は正しかったようだ。改めて書くと、チェコの日々の食事は、こういうことらしい。

学校や会社は八時から、工場は六時から始まるので、チェコ人は早起きだ。朝食は、パンにハムやチーズを添えて、コーヒーか紅茶を飲む。昼は会社や工場の食堂で、スープに肉料理とパン。肉は牛肉よりも豚肉が好まれる。料理の味は、「油濃くて塩辛い」。夕食は朝食とあまり変わらず、火を使わない食事だというのが、この本の記述だ。つまり、朝夕は、食卓にナイフが一本あればいいという食事だ。

私はおもにプラハでごく短期間過ごしたただの旅行者だから、家庭の食生活や農山村の食生活も知らないが、どうやら食堂の料理と家庭の料理に大きな違いはないらしい。

どんな安宿でも、「朝飯付き」はありがたい。起きてすぐにコーヒーが飲めるのがうれしい。チェコ最初の朝飯は宿のものだったが、「ああ、これが、たぶん、チェコのパンだな」と気がついたのは、rohlíkロフリークだった。オーストリア生まれのクロワッサンの仲間だが、こちらはパイ生地ではない。同じようなパンがチェコ近隣に多くあるように、「これぞ、チェコ独特」という食べ物は、多分ない。

ロフリークはホットドッグ用のパンほどの大きさで、クロワッサンのように湾曲していることが多いが、まっすぐなのもある。多分、味は同じだろう。皮はちょっと固いが、パン自体は固くない。パサパサというのが最大の特徴で、ネット情報をいろいろ読むと、焼いてから時間がたつとてきめんにまずくなるようだ。チェコ人には「うまい」とか「まずい」といった評価を超えて、国民的な朝食のパンが、このロフリークなのだろう。口の水分を全部奪うようなパンで、味がない。甘く、ふかふかのパンが好きではない私との相性はいいのだが、味と香りに乏しいのが難点だ。パン屋では一本二K（一〇円）以下で買える安いパンだ。朝食が付かない宿では、私はそれよりもちょっと高い全粒粉や雑穀入りのパンを買っていた。

ガイドブックや旅行記などで、「これぞ、チェコのパン」と紹介されているパンは、次項に。

チェコで最初に口にした食べ物。宿の朝食。このパンがロフリークだが、つの型ではない。パンとハムとバターとコーヒー。こういう朝食が好きだから、日本の旅館の朝食が苦手だ。

パンがもう1種類あるので、おかわり。多分ライ麦いりのパンに、6Pチーズとジャムとリンゴ（酸っぱい）と、コーヒーをもう1杯。

クネドリーキ

何で読んだのか忘れてしまったが、国外で暮らすチェコ人が夢見る故国の食べ物はknedlikyクネドリーキだという。カタカナで「クネドリーキ」と検索しても、日本語の情報がいくらでも出てくるほど、パンやチェコに興味がある日本人の間ではかなり知られたパンらしい。そのひとつ、ブログ「チェコの暮らしと手仕事」を読んだら、外国でこのパンを懐かしく思った有名チェコ人はドボルジャークだったとわかった。その真偽はともかく、そういう逸話を私もどこかで読んでいたらしい。

ネットなどを調べれば前述のブログなどでクネドリーキについて詳しく紹介されているから、私はごく簡単に書いておく。クネドリーキは蒸しパンのような外見で、多分、説明されないと口にしても固めの蒸しパンだろうと思うかもしれないが、ゆでたパンだ。イーストで発酵させているので、ゆでても団子のようにはならず、空気が入っているのでふわふわしている。ただし、最近は電子レンジで加熱する家庭もあるという。

チェコに来たのだから、一度は食べてみようと思い、食べてみたのだが、想像していたほどにはうまくない。味も香りもないのだ。何度も食べたいと思うパンではない。あるレストランの写真メニューを見たら、ワンプレート料理にはクネドリーキがついていたので、「ジャガイモに変えてほしい」と注文した。ところが、テーブルに届いたのはクネドリーキで、「おいおい、違うだろ。ジャガイモに変えてくれと言ったじゃないか」と文句を言うと、店主は平然と、「これ、ジャガイモです」と答えた。

これは、半分言い逃れであり、半分真実だろう。現在は、クネドリーキは小麦粉を使ったものが標準だろうが、各家庭の台所事情や好みで混ぜ物が入るらしい。食べ残したパンを水でふやかして小麦粉と混ぜたり、イタリア料理のニョッキのように小麦粉にゆでたジャガイモを混ぜて作ることもあるようだ。私の想像なのだが、歴史的には「混ぜられるものは何でも混ぜて増量する」というパンだろうと思う。ジャムなどを入れた甘いものもある。ヨーロッパで、白い小麦粉が誰でもたっぷり使えるようになるのは、それほど昔のことではない。たんなる思いつきで言うが、昔は小麦粉がつなぎだったのだろうと想像している。

このゆでたパンを、チェコの名物のように紹介している記事も多いが、前回紹介したロフリーク同様、近隣諸国に同じようなパンがある。ただ、ゆでたパンの仲間では、チェコのクネドリーキがもっとも有名だろう。

チェコの代表料理の一品と言えば、グラーシュにクネドリークを添えたものだろう。グラーシュというのは赤いシチュー状の料理で、トマト味のように見えるがパプリカを大量に投入したハンガリー起源の料理だ。こういう事情なので、「チェコ料理とは?」という話はしにくいので、「チェコの料理」を語りたいと思う。起源がどうであれ、現代のチェコ人が日常的に食べている料理のことだが、私はプラハ以外の事情をほとんど知らないし、ホームステイもしたことがないので、「うちの味」も知らない。外食で得たわずかな知見で話をしている。

初めて食べたグラーシュとクネドリーキ。実は、1980年代に、日本で最初にできたハンガリーレストランでグラーシュを食べているが、味の記憶はなかった。クネドリーキは、この写真のように「焦げ目のないバゲット」のようでもあり、蒸しパンのようでもある。一皿500円ほど。

豚ヒザ肉のローストPecene veprove klenoというものを写真で見たが、大きな塊なので、とてもひとりでは食べられない。テレビ番組のように、残すことを前提として注文する気にはなれない。ところが、ある日、ショッピングセンターのフードコートで、一人前でも注文できることとわかり、やっと食べることができた。切り分けたので、カリカリの皮がないのが残念だが、うまい料理だった。詰め合わせは、クタクタに煮たキャベツ。2度目になるクネドリーキは、「もうこれが最後でいいや」と思った。ジャガイモにすればよかった。

それで、「クネドリーキをジャガイモに変えて」といって注文したのが、これ。写真ではゆでたジャガイモのようにも見えるが、これもクネドリーキ。たしかに、気泡が細かく、しっとりはしていたが、うまくはない。ここはちゃんとしたレストランだから、水を持ち込むのは遠慮した。料理と水で、1000円は越えた。

それはそうと、食べ始めてから「あーあ、写真だ！」と気がつくのはいつものこと。食欲が第一、写真なんかどーでもいいという旅行者である。

POST CARD

料金受取人払郵便

小石川局承認

9109

差出有効期間
2021年
11月30日まで
(切手不要)

112-8790

127

東京都文京区千石4-39-17

株式会社　産業編集センター
出版部　行

★この度はご購読をありがとうございました。
お預かりした個人情報は、今後の本作りの参考にさせていただきます。
お客様の個人情報は法律で定められている場合を除き、ご本人の同意を得ず第三者に提供することはありません。また、個人情報管理の業務委託はいたしません。詳細につきましては、「個人情報問合せ窓口」(TEL：03-5395-5311〈平日10:00～17:00〉)にお問い合わせいただくか「個人情報の取り扱いについて」(http://www.shc.co.jp/company/privacy/)をご確認ください。

※上記ご確認いただき、ご承諾いただける方は下記にご記入の上、ご送付ください。

株式会社 産業編集センター　個人情報保護管理者

氏名《ふりがな》

(男・女／　　歳)

ご住所　〒

TEL：

E-mail：

新刊情報をDM・メールなどでご案内してもよろしいですか？	□可　□不可
ご感想を広告などに使用してもよろしいですか？	□実名で可　□匿名で可　□不可

ご購入ありがとうございました。ぜひご意見をお聞かせください。

■ お買い上げいただいた本のタイトル

ご購入日：　　　年　　月　　日　　書店名：

■ 本書をどうやってお知りになりましたか？

□ 書店で実物を見て
□ 新聞・雑誌・ウェブサイト（媒体名　　　　　　　　　　　　）
□ テレビ・ラジオ（番組名　　　　　　　　　　　　）
□ その他（　　　　　　　　　　　　）

■ お買い求めの動機を教えてください（複数回答可）

□ タイトル　□ 著者　□ 帯　□ 装丁　□ テーマ　□ 内容　□ 広告・書評
□ その他（　　　　　　　　　　　　）

■ 本書へのご意見・ご感想をお聞かせください

■ よくご覧になる新聞、雑誌、ウェブサイト、テレビ、
よくお聞きになるラジオなどを教えてください

■ ご興味をお持ちのテーマや人物などを教えてください

ご記入ありがとうございました。

野菜

食堂でメインディッシュを注文すると、その料理にプラスしてデンプンが付く。デンプンは、客の希望に応じて、パンかクネドリーキか、ジャガイモか飯が付く。ジャガイモは揚げたり、ゆでてつぶしたりしたものなど、いくつもの料理法がある。飯は、日本のような短粒種のコメを炊いたものだ。長粒種のコメもある。最近のことだろうと思うが、食堂でコメの飯に出会うことが意外に多い。イタリアのように、何も言わなくても籠に入ったパンがテーブルに運ばれてきた体験はない。高級店ではあるのだろうか。

メイン料理は肉料理で、牛、豚、家禽類の料理。あるいは、ソーセージやベーコンやハムなどの加工品。肉の煮込みとデンプンという組み合わせが、典型的はチェコの食事だろう。

野菜も果物も、今ではスーパーマーケットに行くと、「何でもある」といえる。だから、写真を撮らなかった。外国で太ネギに見えるのは、たいていは葉が扁平なリーキ（ポアロネギ）なのだが、プラハのスーパーの野菜売り場で近寄ってよく見ると、緑の部分も丸かった。これはネギだろう。

クネドリーキは食べたくないので、飯に代えてもらった。

別の日に行ったときは、デンプンをパスタにした。やはり、クネドリーキはいやなのだ。

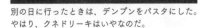

どの本だったか忘れてしまったが、共産党時代はバナナがとても高かったという記事を読んだ。三〇年前なら、果物や野菜の輸入品はほとんどなかったと思う。その時代、チェコでも、バナナは高価でなかなか食べられないものだった。共産党時代は、「地産地消がすばらしい」という考えの人には、まことにすばらしい時代だっただろう。輸入品がほとんどないから、ほとんどすべて国産の生鮮食品だ。物流がうまく機能していなければ、地元の食材を食べるしかない。

バナナが栽培できない土地で、バナナが安い値段で売られるようになるのが政治と経済の開放だと、バナナが大好きな私は思う。

ヨーロッパの広い地域では、野菜を親の仇のようにくたくたに煮るのはなぜだろうかという疑問が浮かび、ちょっと調べたことがある。すると、ヨーロッパでは近代史のなかに、「消化の良さ」を非常に重要視した時代があり、肉も野菜も徹底的に煮たのだが、それ以前の時代でも、鍋がいつも火にかかっていれば、食材はくたくたになる。私のこの仮説をヨーロッパの食文化を研究している知り合いに話すと、「別の理由もあるんですよ」と、コメントをくれた。「歴史的には、地中海沿岸地域を除けば、ヨーロッパでは生で食べられる野菜なんてそもそもないんですよ。煮込まないとかたくて食べられない野菜だから、よく煮込んだということだと思いますよ」。

そういえば、日本のテレビで、ヨーロッパのどこかの国で日本人がトンカツを作るという番組があって、豚肉もパン粉もキャベツも簡単に手に入るのだが、キャベツがかたすぎて生ではとても食べられないといったシーンがあったのを思い出した（翌二〇一九年、バルト三国でとてつもなくかたいキャベツを実食した）。

ということは、中世にあった野菜は、キャベツ、ニンジン、タマネギなどで、だいぶ後になってジャガイモが入ってきたのだから、生野菜サラダなどごく最近登場したというわけだ。

酒を飲まない私には、チェコの酒について語るべき話題がない。ビールについては参考文献がいくらでもあるから、そちらを読んでいただきたい。例えば、『ビールと古本のプラハ』（千野栄一、白水社、一九九七）は愛すべき書物だ。こういう本があることは、チェコ人にとっても日本人にとっても、幸せなことだ。ビールに関するジョークも載っている。例えば、「既にあまりに有名になったアネクドート（風刺小話）」なのだがとためらいながら紹介介したのが、これ。チェコは最高のビール生産国という世評が前提となっている。

「ロシアの醸造所で、やっと会心のビールができたので、チェコに送って試飲してもらうことになった。それに対してチェコは電報を打ち、『キコクノウマハケンコウデス』」

宿で出会ったポルトガル人が、「プラハでコストパフォーマンスがいちばん高い食堂に案内する」というのでついていった。地下にある店で、地図で見てもなかなかたどりつけない場所にある。たぶん、共産党時代からの食堂だろう。「うまい、最高！」というほどではないが、「お値段以上の、行列ができる」食堂だ。この店Jideina Svetozorは、ネット上でも有名らしい。セットメニューは109コルナ。

トンカツとコロッケ

私がフードコートによく行ったのは、いくつかの理由がある。まず、ひとりで気軽に食事ができることだ。フードコートの料理は基本的にひとり分を単位にしているから、普通の食堂ではひと皿では多すぎる料理でも、フードコートなら食べることができる。

安いというのも魅力だ。日本にはラーメン屋や牛飯屋などファーストフード店が各種多数あるが、そういう店舗がないチェコのような国では、フードコートはありがたい。プラハの場合、郊外のショッピングセンターのフードコートでは、ひとり八〇～一三〇コルナが相場だろうと思う。日本円にすれば、四〇〇円から六五〇円といったところだ。一皿の量が多いから、小食の人ふたり分くらいある店もある。セルフサービスだから、チップがいらない。これ以下の金額で食事をするとなると、ピザの立ち食いだろう。ケバブだと、フードコートの安飯と金額はさほど変わらない。

フードコートが便利な理由はまだまだある。飲み物を注文しなくても、スーパーで買った水で食事することもできる。料理がすでに並んでいるから、メニューを読んで注文する必要がない。言葉がいらないのだ。「これ」と指さすだけでいい。すいていれば、さまざまな料理をゆっくり眺めることができる。チェコ料理という範疇に入るのはどういう料理なのかが、現物で確認できる。確認できないのが、ふたがしてあるスープ類だけだ。

煮込み料理が多いのはわかっていたが、意外だったのは揚げ物も多いことだ。それも、日本でいう「フライ物」、パン粉をつけて揚げたものだ。トンカツがある。その起源はウィンナー・シュニッツェルだろう。ウィーンという名がついているが、その起源はドイツとかイタリアとかいろいろ説があるようだが、いまではウィーンの名物料理になっている子牛のカツレツだ。チェコではスマジェニー・ジーゼック（Smazeny rizek）ほか、Veprove rizekなどいくつかの名前があり、私には区別がわからない。smazenyは「揚げる」、veprovoは「ブタ肉」という意味だが、rizekがわからない。チェコでは、牛肉ではなく豚肉を使うことが多いようだ。日本でも豚肉が主流になり、トンカツになった。チェコにトンカツソースはない。しっかり塩味がついているから、レモンを絞って食べる。

CESKEという文字から、チェコ料理だとわかる。

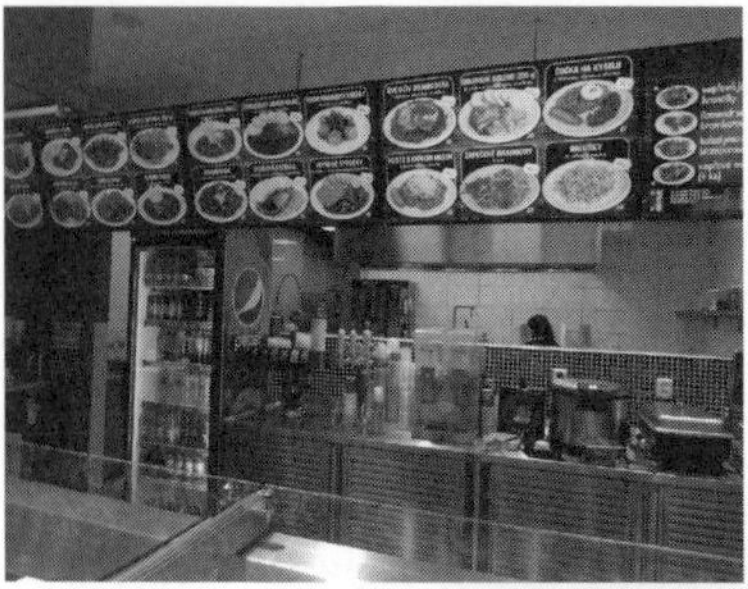

こういう写真をみれば、チェコ料理とはどういうものかが、だいたいわかる。こういう料理が、500～600円。西ヨーロッパと比べると、格段に安い。

食材が、キャベツ、ニンジン、ジャガイモ、ベーコン、パスタだということがわかる。

細かいパン粉をまぶして揚げた料理は何種類かあるが、写真メニューに"krokety"というのがあって、「ははーん」とひらめいた。ポルトガルでもスペインでもイタリアでも食べているコロッケだ。食べてみた。俵型で、ジャガイモだけ。味は、多分、塩コショーだけ。日本のコロッケと比べると、柔らかい。コロッケの位置は、独立した一品料理というよりも、フライド・ポテトやマッシュド・ポテトのように、ジャガイモ料理のひとつで、メインディッシュの付け合わせのひとつだろう。

揚げ物コーナー。手前の円形のものは何だろうと思い、注文してみた。メンチカツか、ハムカツか？

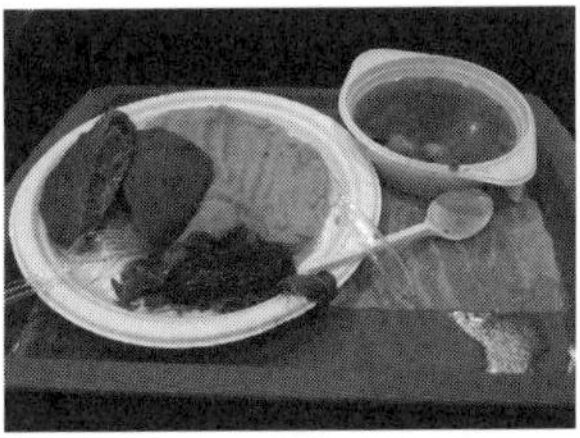

これを何と言えばいいか。細かく挽いたブタ肉のカツ。歯ごたえのないハンバーグカツ。キュウリのピクルスがうれしかった。

これが、コロッケ。牛肉のドゥミグラスソース煮込みが載っていた。だから、これで満腹。

外国料理

一

共産党時代からプラハにあるファーストフード店は、大きなホットドッグparek v rohlikuを売るスタンドだったようだ。このチェコ語の意味は、「パンのなかのソーセージ」で、熱くした鉄棒にパンを刺し入れ、鉄板で加熱したソーセージをその穴に押し入れるのが当時のスタイルだった。このタイプのホットドッグは、一九七五年にフランスなどヨーロッパのいくつかの街で見ているし、私もパリで食べている。

こういうスタイルのホットドッグをプラハで見た記憶がないが、ホットドッグ調査をやったわけではないので、見落とした可能性はある。多分、まだどこかにあるだろう。念のため、「チェコ　ホットドッグ」で画像検索をすると、ほとんどはソーセージをパンではさんだスタイルだが、ソーセージをパンに押し込んだスタイルのものも見つかる。

今、プラハの路上、バーツラフ広場などのスタンドで売っているのは、パンに切れ目を入れて、鉄板で焼いたソーセージを挟んだものだ。アメリカのホットドッグよりも大きく、しっかりした質感のパンなので、一本食べれば私は満腹した。ただし、バーツラフ広場という観光客密集地だけに価格はやや高く、一本八〇コルナ以上はする。

『プラハの春は鯉の味』には、一九九六年ごろのホットドッグの話が書いてある。プラハのホットドッグは、バゲット風のパンのなかにソーセージを押し込んだスタイルで、一〇コルナだったそうだ。当時も今のように、バーツラフ広場にこのホットドッグの屋台が多く出ていたようで、「老若男女を問わず、皆よくこれを頬ばっています」。

つまり、チェコにはパンに穴をあけてソーセージをつっこむヨーロッパ式のホットドッグが伝わり、のちに焼いたソーセージをパンではさむアメリカ式のスタイルに変わっていったようだ。変わった理由を想像すると、ソーセージを挟むアメリカ式は鉄板があればいいので、設備費が安く、手間が省けて効率がいいからだろうか。

撮影した時は、公園脇のパンを売る売店だと思っていたが、のちにメニューをよく見るとホットドッグがあった。

後方に見えるのが、バーツラフ広場のホットドック屋。

プラハ本駅前のホットドッグスタンドで買った。テーブルはないので、置いて撮影できないから、自撮り風に片手撮り。こんなに大きいので、量としては、これで充分。アメリカ式のフカフカのパンではないのが私好み。チェコのホットドッグ事情に疎いが、もっとも安いホットドッグはピクルスとかタマネギは入れないのが普通かもしれない。

二

マクドナルドがチェコに初めて出店したのはいつなのか、調べてみた。チェコ・マクドナルドのHPで、一九九二年に最初の店が営業を始めたとわかった。一九八九年のビロード革命のすぐあとだ。それ以外にも興味深い情報が目に入った。マクドナルドをチェーン展開した男、マクドナルド・コーポレーションの創業者レイモンド・アルバート・クロック（一九〇二〜一九八四）は、チェコ移民の息子だ。その人物を描いたのがアメリカ映画「ファウンダー」（二〇一六）だ。マクドナルドというハンバーガー店を作ったのはマクドナルド兄弟だが、その兄弟をうまくだましてチェーン店にしたのがクロックだ。

ＫＦＣの進出は一九九四年らしい。運営会社はピザハットやバーガーキングなどを扱っていたので、この時代にピザハットも進出したらしいが、のちに撤退し、再進出したらしい。

この十数年で、ショッピングセンターがどんどんできて、そこにチェコ料理店以上に多くの外国料理店が出店した。ベトナム、イタリア、インド、タイ、中国、日本の各料理からステーキなど専門店などさまざまだ。プラハに外国料理店が多いのは、移民や外国人観光客が多いという理由もあるだろうが、チェコ人も食への強い好奇心があるのだろうと思われる。

いつもの重要参考文献『プラハの春は鯉の味』によれば、一九九六年の時点で、マクドナルドは全国に一八店舗、KFCはプラハ市内だけで五店舗あるという。ハンバーガーの「セットメニューが八〇～九〇コルナ、中流レストランでの夕食代とほぼ同じ程度」だから店内は閑散としているかというと、「夕方時の店はどこも込み合っています」という。

同じ時代のタイやマレーシアやインドネシアでも同じように、アメリカ式ファーストフードは、「簡便で安価」なのではなく、「ちょっとしたぜいたくな食事」だった。バンコクでは、ハンバーガー一個の値段は、屋台の一食よりも高かった。それでも客が来たのは、「冷房が入ったおしゃれな店で、小さな子供を連れて行ける清潔な店」だったからで、増加しつつある中産階級を刺激した。チェコも同じような状況だった。外国人にとっては、正体がわかっている食べ物で、チェコ語がわからなくても注文できて、比較的安いといった点などで、高い人気がある。

チェコでは、南部のチェスケー・ブディェヨビツェの二回の朝食をマクドナルドで食べた。私はハンバーガーのパン、ほかほかふかふかのバンズが好きではないし、ハンバーグも好きではないのだが、イングリッシュ・マフィンは大好きだから、旅行中の朝食はマックに行くことがある。台北での朝食も、たいていマックでこの朝食セットを食べていた。

チェコでは、エッグ・マフィン（イングリッシュ・マフィンにベーコン・エッグをはさんだサンドイッチ）四九コルナに、コーヒー二九コルナ（一五〇円）、合計七八コルナの朝食だ。日本円にすれば、三九〇円。

日本のマクドナルドをほとんど知らないので、味の比較はできない。価格をHPで調べると、日本ではエッグマックマフィンは二〇〇円。コーヒーのMサイズは一五〇円で合計三五〇円（税込み）。日本の方が安いのだ。ついでだから、世界のビックマックはいくらかというとビックマック指数の二〇二〇年版を調べてみた。日本では現在三九〇円で、これを三・五四米ドルとしている。チェコではいくらかというと、三・七六ドルだから、ほとんど変わらない。この位置には、タイや韓国も並んでいる。

チェコ南部の街、チェスケー・ブディェヨビツェの朝食はマックのエッグ・マフィンとコーヒー。

翌日もマックの朝飯。早朝に営業している食堂がほかにないのだ。ふと、チーズバーガーなるものを食べてみようかと思った。私にとっては未知の味だ。イングリッシュ・マフィンに粗挽きハンバーグが入ったチーズバーガー。日本にもあるのだろうか？　調べたらあった。110円、安いなあ。

プラハでは、カジノと同じくらいマックとKFCに出会う。このKFCの左隣にマック・カフェがある。

三

食べ物関連の写真をだいぶ撮った。せっかくなので、ここで食べ物図鑑をちょっと展開したい。「あ〜、うまかったなあ」と「あ〜、それ、食いたかったなあ」という食べ物の話。

感動的にうまかったのが、旧市街のスペイン・シナゴークそばにあるパン屋だが、サンドイッチやサラダなどもあり、店内で食事もできる。レシートに店名と住所がある。"PEKARNA NOSTRESS BAKERY Vezenska 915/8"。東京で例えると、いつもは早稲田界隈の安食堂で定食を食べている貧乏学生が、青山のしゃれたカフェに来てどぎまぎしてしまうほど高いが、うまかったという感じだ。「高い」といっても、一〇〇〇円ちょっとだから貧乏旅行者の私でも手が出る金額だ。後日、この店の近所を散歩していて、「よし、また行くか」と出かけた。同じフードコートには何度も行っているが、レストランやカフェで裏を返したのはこの店だけだった。次ページに写真。

チーズ入りサラダ105コルナ、ツナにローストビーフをのせたオープンサンド77コルナ、コーヒー80コルナ。サラダとコーヒーが高く、サンドイッチが安いという変なバランスだ。合計金額は日本円にして1190円。500円で充分に食事ができる国で、この料金は高い。

それでもうまいから、後日、近所を散歩していて、ついふらふらと、この店に来てしまった。それほど空腹ではなかったが、豆のスープと茶色いパンを食べた。

ベトナム製の袋麺を食べた。旅先でインスタント麺を食べる最初の体験だった。具などないが、「うまい」と思った。その理由はのちにわかった。

ベトナム料理店で、こういう料理を注文して、「ああ、うまい！」。テーブルのニョックマムを振りかけて、「ああ、これだ!!」とわかった。料理がうまいのではない。並みの料理だが、アミノ酸のうま味に感動したのだ。調味料は塩だけという料理に飽きていたのだ。

ショッピングセンターの中国料理店でチャーハン。トウガラシ調味料が使い放題だったのがうれしい。辛さにもうえていた。

ショッピングセンターのなかの、やや高級なイタリア料理店でリゾットを食べる。159コルナ（約800円）は「ちょっと高いなあ」と思ったが、水が69コルナだったのには参った。1リットルのガラス瓶入りの水だから、飲み残しを持ち帰ることもできず…。チーズにうま味を感じた。

次は、「ああ、食いたい！」と思った話。ある週末、ショッピングセンターの前の広場で肉を焼く香が漂ってきて……。

近づくと、子牛（たぶん）の丸焼き。焼き上がりにはまだ時間がかかりそうで、ここでじっと待っているのはつらすぎるから、散歩を続けた。

スペアリブに限らず、肉も魚も、煙で燻し焼きにするのがうまい。アメリカの家庭でハンバーグをごちそうになったことがある。「なあんだ、客にハンバーグかよ」と思ったが、炭火の燻し焼きだったので、想像をはるかに超えてうまかった。

四

今回も、食べ物図鑑を。プラハで普通に食べることができるのはこういう料理だというちょっとした図鑑だ。プラハでは、チェコ人も外食では毎食チェコ料理を食べているわけではないようだとわかり、私も何でも食べることにした。

まずは、もう一度、チェコ料理の姿を。こういうのが、チェコ料理の姿。パンよりも、ジャガイモやゆでたパンのクネドリーキ、あるいは飯がつくのがいわゆる「西洋料理」と違うところ。

次は、すしと……

プラハ中心地の高級ショッピングセンターでは……。市民会館斜め前にあるここは、全般的に高い。私は、スーパーマーケットとトイレを利用するのによく立ち寄った。

高級ショッピングセンター「パラディアム」は、古いビルをショッピングセンターに改造したのかと思ったが、古そうな外見に仕立てた新しいビルだとわかった。

タイ料理店のすし。

セルフサービスの店ではなく、レストラン街。ここはタイ料理&ラーメンの店。写真上下とも、パラディアムのフードコート。

モンゴリアン・バーベキュー&中国料理。どの店も、満席に近い盛況。

一方、郊外の庶民的なショッピングセンターのフードコート。昼時以外は、閑散。

基本的には、ベトナム&中国料理の店なのだが…、よくみると、中東の料理ドネルケバブもある。なんでもありだな。ということは、この店には豚肉料理はないのか？　詳しく調べなかったと反省。

サラダ専門店。

インド料理店。たいていのショッピングセンターには、インド料理店が入っている。

観光客はまず来ないだろうと思われる地区の中国料理店に、道路工事の作業服を着た人が入っていったので、「たぶん、高くないな」と踏んで、私も入店。麺類やチャーハンなどは400円から。日本の地方の小さな町の、古くからある食堂の焼きそばだな。

コーヒー

チェコのコーヒーについて、ちょっと書いておきたいことがある。

私はコーヒーは大好きだが、エスプレッソが苦手なので（日本のコンビニ・コーヒーは薄すぎて嫌いだ）、スペインやイタリアではいつも「アメリカーノ！」と叫んでいたが、チェコのコーヒーは特別に注文しなくてもそのままで私の口に合う。そのチェコのコーヒーは、資料を読むと昔は「トルコ式」だったという。それが具体的にどんなものだったのか、『プラハの春は鯉の味』の力をまた借りる。滞在地の生活資料を詳細に書き残してくれると、私のような知りたがりには大いに助かる。

ちょっと前のチェコでは、コーヒーの粉を鍋で煮てカップに注ぎ、粉が沈殿するまで待ち、上澄み液を飲んでいたという。わかりやすく言えば、コーヒー豆の煎じ液だ。私はトルコやギリシャでその手のコーヒーを飲んだことがある。インドネシアでは煮出さずに、インスタントコーヒーのようにコップに粉と砂糖を入れて、熱湯を注ぎ、よくかき混ぜたら、粉が沈殿するのを待つというスタイルだ。こういうコーヒーの特徴は、豆を非常に細かく挽いてあることで、普通の紙フィルターを使うと詰まりやすい。

トルコのコーヒーもインドネシアのコーヒーも、焙煎は軽いので苦みはないし酸味もないが、当然、粉っぽい。私の好みでは、うまいとは言えない。

『プラハの春は鯉の味』には、さらに興味深い記述がある。著者がプラハに来た一九九五年は、「どこも、このターキッシュ・コーヒー一辺倒でしたが、一年も経つと、カフェでは黙っていても普通の、いわゆるブレンドコーヒーが出てくるようになりました」という。想像で書くが、プラハの飲食店では、一九九〇年代後半から紙のフィルターを使う営業用コーヒーメーカーを導入したのではないだろうか。

コーヒーの粉を鍋で煮るコーヒーを「トルコ式」と呼んでいるが、ギリシャでも同じコーヒーだ。そこで、ちょっと知りたくなった。東欧諸国のコーヒー事情をインターネットで調べてみた。西ヨーロッパでは一九世紀にフランスやイギリスで布フィルターを使い始め、二〇世紀初めドイツ女性メリタが紙フィルターを発売した。

東ヨーロッパではポーランドやハンガリーなど、チェコの隣の国はもちろん、バルカンも煮出しコーヒーだ。バルト三国はわからないが、トルコからポーランドあたりまで、ちょっと前までコーヒーを飲むなら煮出しコーヒーだったらしいという仮説ができた。インターネットでは、現在のコーヒーの飲み方はわかるが、数十年前となると、わからない。東欧地域では、コーヒーは自国で生産できないから、ちょっと前まで混ぜ物入りコーヒーか、コーヒー豆がまったく入っていない代用コーヒー、つまりコーヒー風飲料を飲んでいたかもしれない。代用コーヒーの材料は、タンポポの根、チコリなどが有名だ。

食文化をプラハという一点ではなく、ヨーロッパ、あるいは世界という面で見ていくとおもしろい。東欧をコーヒーで見ていくと、政治や経済や歴史もわかるような気がする。

散歩に疲れて、ショッピングセンターでひと休み。ひと口かじって、「ああ、写真！」と気がつくのはいつものこと。宿に戻れば、愛用のインスタントコーヒーがあるから、外でコーヒーを飲む機会はそれほど多くはなかった。

マックカフェで、ひと休み。チェリーケーキに小（25コルナ）があるのがうれしい。アメリカンコーヒービッグサイズ（49コルナ）。合計74コルナ、370円。参考までに、メモしたメニューから少し紹介。数字を5倍すると日本円になる。エスプレッソ39、カプチーノ45、カフェラテ55。

ひと休みしたい。コーヒーを飲みたい。トイレにも行きたいと思った地区にはこういう高級カフェしかなく、腹をくくって入った。ウエイターに案内されて席に着くような店で、メニューを見て、「おお…」。高い。メニューに"American coffee"はなく、"Filter Coffee"を注文。これは、トルコ式でもエスプレッソでもなく、紙などのフィルターを使ったコーヒーのこと。ちょっと濃いめのアメリカンという感じなので、私の好みに合うのだが、ここのコーヒーは私には酸味が強すぎた。コーヒーとケーキを合わせて、300コルナ(1500円)近くした。このケーキ１個が、私の普段の1回の食事代よりもかなり高い。

隣りの席には、派手な腕時計をはめたポロシャツ姿の男と、お似合いのけばけばしい若い女が座っている。会計のとき、男はズボンのポケットからむき出しの札束を取り出し(当然、高額紙幣だ)、ゆっくり見せびらかしてから、支払った。フェラーリのような、品のない車が似合いそうな男だった。日ごろ、金持ちとは同じ空気を吸う空間にいない私には、成金観察代金込みのコーヒー代と考えれば、高くはないか。

第五章

建物を見に行く

国立産院

プラハに着いてまだ間もない日の遅い午後、洗濯を終えたあと宿の近所を散歩することにした。宿は新市街にあるのだが、プラハの「新市街」というのは、中世の旧市街に対する近世の新市街だから、一〇〇年から二〇〇年くらい前の建物が並んでいる。プラハは幸運にも空襲されることがなかったから、昔の建物がかなり残っている。第二次大戦後、不幸にもソビエトの支配を受けたことで経済的に停滞した結果、古い建物が壊されガラス張りの高層ビルが立ち並ぶ街にはならなかった。経済の停滞が古い建物を残すという点では、チェコもポルトガルも同様である。

こういう例を、私は日本の旧宿場町になぞらえる。明治に入って鉄道の時代になると、江戸時代に栄えた宿場町が取り残された。長野県の奈良井宿や妻籠宿のように、古い街並みを残そうとした結果ではなく、残ってしまった江戸の街並みが観光の時代を迎えて脚光を浴びるようになるというのが、外国ではプラハでありリスボンだ。

夜にコウモリが飛びそうな建物。

宿の前の大通りは一階が商店で、その上がアパートになっているような建物が並んでいるのだが、表通りからちょっと裏手に入ると木立の中に塀が見えた。近づくと、塀の中に黒いレンガの大きな建物が見えた。二階か三階の、古い大きな特異なデザインの建物だ。塀で囲まれているから、普通の集合住宅ではないだろう。学校か軍の建物か、それとも刑務所か。東京駅のような、よくある赤いレンガの建物ではなく、黒いレンガが謎めいている。夕暮れ時は、コウモリが飛び交うスリラー映画にぴったりの風景だった。
好奇心がだんだん強くなり、この建物

正面の入口。

の正体を知りたくなった。看板があれば、それを撮影して、のちほど誰かに解説してもらおう。そう思って入口に立つと、チェコ語と英語の看板があった。産院だったのだ。

国立産院（一八七五年）。

世界でもっとも長い期間にわたって診療を続けている産院のひとつ。設計・施工は、チェコの科学・文化・教育の支援者でもあるヨセフ・ハラーフカ。

国際機関ではないのに、なぜチェコ語と英語の両言語がいっしょになった金属プレートがついているのか、わからない。過去か現在に、イギリスかアメリカの援助があったとすれば、そのいきさつを書いたプレートがあるだろう。

プラハの本屋で買ったプラハ建築ガイドでこの建物と建築家を調べたが、見つからない。建築的には無視していい程度のシロモノだとわかった。帰国して、ネット情報を頼りに糸をたどってみたが、正確なことはわからない。

ヨセフ・ハラーフカ（Josef Hlavka　一八三一～一九〇八）はプラハのチェコ工科大学とウィーンの美術アカデミーで建築を学び、チェコ人が作ったウィーンの建設会社の後を引き継ぎ経営者となったらしい。この会社は、一八六一～六九年にかけて、ウィーンの国立歌劇場建設を請け負ったという。

ウィーンの歌劇場のあと、プラハで産院の設計・施行をした。同じ時代、ウクライナのチェルノフツィ国立大学（一八七五年開校）の設計もしている。この写真で見ると、たしかにプラハの産院に似ている。

画像検索では、プラハのカレル大学医学部の校舎も産院に似たレンガ造りだ。これら、ハラーフカが設計した建物は、ネット資料により、新ゴシック様式とか折衷様式などと説明されているが、私の力では解読できない。ドイツ人旅行者に産院の写真を見せたら、

「こういう建物なら、ドイツにいくらでもあるよ」と言われたが、ドイツに行ったことがない私には何も言えない。

ネット情報では、ハラーフカの肩書は、建築家、慈善家、科学芸術財団の創立者となっているが、詳しい事情が今ひとつわからない。しかし、チェコのVIPだったことはわかる。地下鉄フロレンツ（Florenc）駅の北、ブルタバ川の中之島シュトオアニツェ島を挟んでかかる橋の名が、ハラーフカ橋（Hlavkuv most）である。この橋は何度か渡っているのだが、橋の名と意味を今知った。

プラハの建築探訪は、この産院から始まった。

団地

「誰がこんな場所の宿を予約したんだよ！」と悪態をつきたくなったが、私が予約したのだから誰にも文句が言えない。

プラハに着いたら、とりあえず二週間ほど滞在して、そのあとちょっと地方巡礼に出ようかと考えていたのだが、日本で予約する段階で、その宿の六日目だけが満室だった。一日だけ別の宿を探し、また同じ宿に戻って来ようかとも考えたが、不便なのだ。たとえ近所の安宿に空室が見つかっても、一〇時までに宿をチェックアウトして、しかし次の宿のチェックインは二時以降だから、荷物の管理など面倒が多い。だから、六日目以降は別の宿で過ごすことにした。プラハの違う場所に滞在するのもおもしろかろうと思い、料金が安い宿を探して日本で予約した。

二番目の宿が郊外にあるということはなんとなくわかっていたが、実際にプラハの地理を知らずに予約したので、どの程度の「郊外」かわからない。地図で確認すると、地下鉄ブジョヨビツカー駅からだいぶ歩くようで、しかも複雑な場所にあるようだから、引っ越し前日に下見に行った。荷物を持ったままウロウロと歩き回って宿探しをしたくなかったのだ。下見に一日使うのだから近所の宿に泊まっても同じだったが、旅行者があまりいない郊外生活はおもしろそうじゃないか。

それで、冒頭の悪態だ。地下鉄駅から徒歩一五分。団地を抜けて戸建て住宅地に入り、自動車が入れない裏道を通り、やっと目的の宿に着いた。一軒家の宿だが、管理人は同居していないから、いわゆる民宿ではない。宿の支払いは予約時にクレジットカードでやるから、管理員はカギを渡すだけだ。掃除やシーツなどの洗濯はパートのおばちゃんがやる。

郊外生活の話はいずれするが、今は建築の話をする。しばしの宿は一戸建てだが、宿用に大幅にリフォームされているので、チェコ人の住まいを知る参考にはならない。建物は、日本の建て売り住宅よりもやや大きいという程度だが、敷地は広く、裏庭で洗濯物を干すようになっている。日本風に言えば、八〇坪くらいの敷地に建つ二階建て木造住宅だ。

近所のアパートは五階建ての低層のものと、それ以上の中層のものがあり、時代的には、一九五〇年代以降色々ありそうだ。郊外で建物探検をやったあと、後日その写真をジョージアから来た留学生に見せると、「ああ、共産主義住宅か！」と吐き捨てるように言った。嫌な時代の象徴的な建造物ということなのだろう。

彼の言葉を聞いて、共産主義と団地の話を思い出した。その学習はすでにしていたことを思い出したのだ。『団地の空間政治学』（原武史、NHK出版、二〇一二）から、ポイントを書き出す。

●郊外の集合住宅群はソビエトから始まる。小規模のものは、ベルリンやウィーンにもあったが、大々的な集合住宅群、つまり団地は、フルシチョフ時代のソビエト、一九五四年から始まる。集合住宅の効率的な建設方法などを工夫した。

●第二次大戦で都市が焼けた国に団地ができた。アメリカなどは、郊外に戸建て住宅群を作ったが、団地は作らなかった。

●日本では、関東大震災後の住宅問題解決のひとつとして、同潤会アパートを作り、それをもとに住宅営団を作り、戦後に日本住宅公団となる。一九五六年の日ソ共同宣言で国交が回復すると、公団の職員が団地建設の視察にソビエトに出かけている。

旅行人の蔵前仁一氏からは、前川は旅先で有名建築家の作品を鑑賞せずに団地を見に行

プラハの中心部から地下鉄に乗って郊外へ。低層の集合住宅が続く町並みを歩く。

く変な人と幾度か書かれたが、政治学や居住学、文化人類学研究としても、私には団地はなかなかにおもしろいテーマなのである。

『団地の空間政治学』には、アメリカは団地を造らなかったとあるが、それは正確ではない。日本のニュータウンのような団地はないが、アパート群はある。The Projectsという語には「団地」の意味もある、The housing Projectsの略だからだ。

このThe Projectsに気がついたのは、"Ain't no chimneys in the projects"（Sharon Jones & The Dap-kings）という歌だった。「団地にサンタが来ないのは、煙突がないから」というアメリカの歌だ。

パネラーク

日本とチェコの団地、あるいは低中層の集合住宅との違いは、チェコでは一階の入り口にドアがあることだ。古い建物でも、木製のドアがついているから、誰でも個人住宅の玄関ドアにたどりつけるわけではない。ただし、北海道の団地画像を見ると、チェコのように一階入り口に戸があるから、日本でも寒い国の仕様としてそういう団地があるようだ。

ベランダは注意深く見た。ベランダで洗濯物を干すかどうか気になるからだ。プラハのアパートのベランダでも、洗濯物が風にたなびいている。ベランダにも透明な戸がついているのは、スペインなどでも見ているが、チェコのように冬が寒い国では効果的だと思う。韓国のマンションは、ベランダの手すり側にもガラス戸があり、冬は部屋として使える。日本でも雪国でやれば屋内乾燥場として使えると思うが、建築関連の法律でできないのだろう。日本は融通の利かない国だからな。

駐車場も興味深い。プラハの中心部からトラムで三〇分以上郊外に出た新興住宅地、ここ数十年の開発地の高層マンションでは、建物と並んで屋外駐車場があるが、「我が家」の近所の低層住宅では、それぞれの家に駐車場にも物置きにもなる小屋が設置されている。おそらく、住宅ができたときには、誰でも自動車が買える時代ではなかったので、建築家は駐車場のことを考えていなかったが、解放の時代に入って、自動車所有者が増えてきて、適当な場所に屋内駐車場兼物置きを設置したのだろう。

以上のようなことは、住宅散歩をしながら想像したことなのだが、帰国してから資料を探すと、『近代チェコ住宅社会史』(森下嘉之、北海道大学出版部、二〇一三)が見つかったが、高い本で、しかも図書館でも見つからない。本屋にあったのでさっと拾い読みしたのだが、じっくり読まないとわからない。

チェコの建築関連資料はネットにいくらでもあるが、住宅となるとあまりないだろうなと思っていたのだが、ありがたいことにいくつもあり、質も高い。もっとも詳しいのは、「チェコ共和国における社会主義時代のプレハブ住宅開発地の住居史集成的再評価化に関する研究」(田中由乃)。比較的短いものでは、同じ研究者による「チェコにおける社会主義

分譲か賃貸かはわからないが、ベランダにアクリル板をはめている例は右の写真でも見かける。「欧米では洗濯物を見える位置には干さない」などという人がいるが、南欧以外でも見かける。

のパネル住宅地の地域価値の形成」がある。

このふたつの論文があるから、素人の私が何か付け加えることなどないのだが、論文を読むほどの好奇心はないという人のために、簡単な説明をしておこう。

チェコの集合住宅をパネラーク(panelak)という。日本語に訳すなら、団地、アパート、マンションなどになるから、集合住宅のことなのだが、重要なポイントはpanelだ。工場で作ったコンクリート・パネルを使ったprefabrication、日本語ではプレハブあるいはプレファブ工法で建てた住宅を言うのだが、日本語の「プレハブ住宅」とは違う。低中層住宅もコンクリート・パネルを使う。この話は『団地の空間政治学』に出てくる。住宅公団の職員が、団地の研究のためにソビエトに行ったときに、このパネル工法に注目しているが、日本の団地は型枠に生コンを流し込んで建てた。

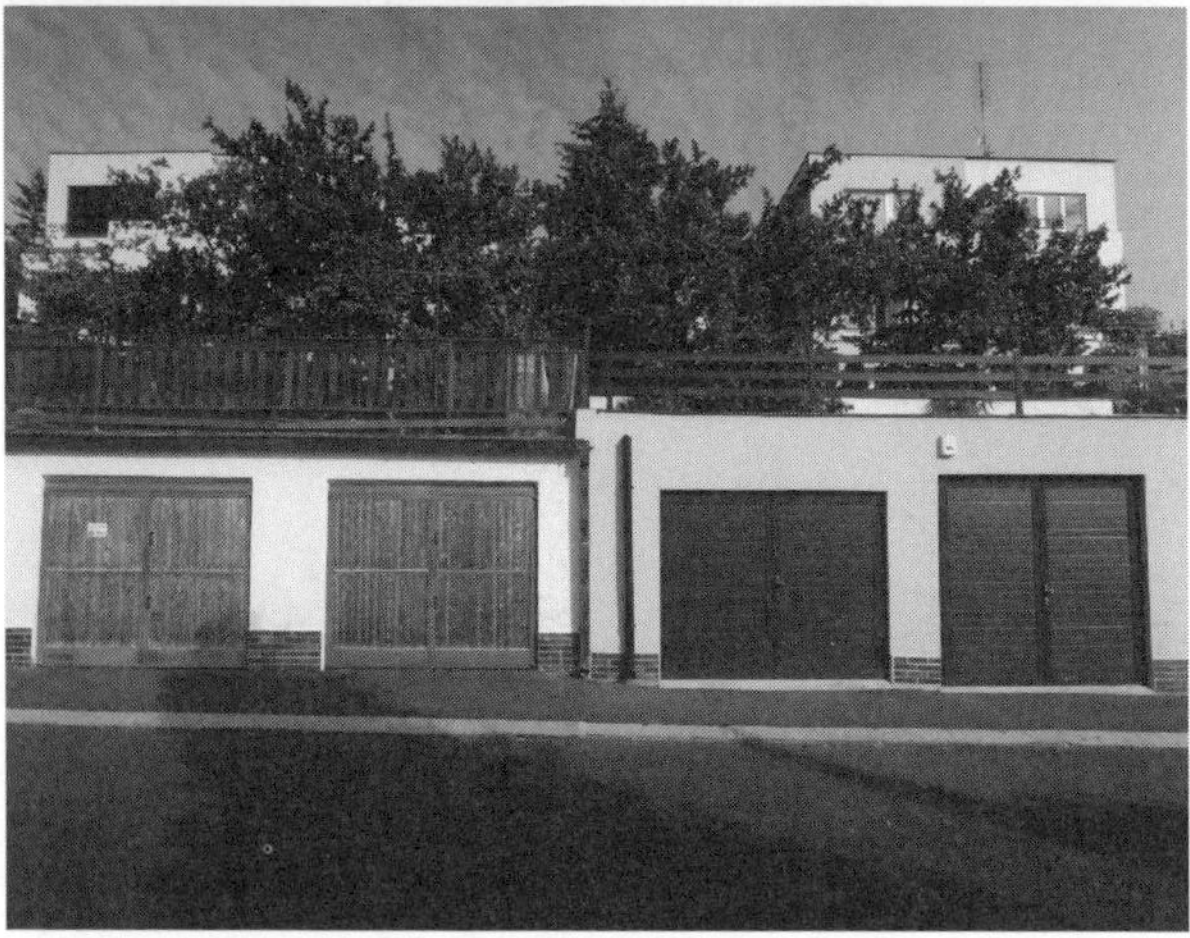

アパートを建てたが、物置きや駐車場を後付けで設置した例。

郊外住宅図鑑

宿の近所は戸建て住宅で、日本の郊外の新興住宅街とは違い、ゆったりした敷地に堂々とした家が建っている。夕食前の散歩でそんなことがわかったので、翌日は本格的に住宅散歩をすることにした。地図を見れば、宿から西にまっすぐ進めばブルタバ川に出る。Antala Staska通りは途中でZeleniy pruhと名を変えて緑地に至り、右折左折を繰り返して、Modranska通りに出る。この広い通りはブルタバ川に沿って走り、そのまま北上すればカレル橋などがある観光地区に出る。たっぷり一日遊べる散歩コースになりそうだ。

宿からちょっと歩くと、敷地がだんだん広くなり、家も大きくなる。東京で言えば、田園調布や成城学園や松濤だ。窓の向こうは隣家の窓というような日本の住宅密集地とはまったく違う。ここはプラハでは「高級住宅地」としては序の口くらいなのだろうが、日本ならば充分に「瀟洒な高級住宅地」である。

私の頭の中は、「社会主義国の貧しい生活」というイメージがあり、それはちょっと前の中国のイメージと重なるのだが、この地区の豊かな住生活の歴史的背景がよくわからない。それほど新しい家ではないから、一九八九年の解放後の成金の家だとは思えない。

家の正面に立って、迷惑にならないように控えめに、眺める。そうか、わかったぞ。大きな家の入口、門扉のそばに郵便受けがふたつある家がいくつもある。親子二世帯同居ではなく、二家族同居だろう。初めからそういう形態で作ったのは、イギリスでよく見かけるセミデタッチド・ハウス（Semi-Detached House）だ。一戸建ての家だが、玄関ドアがふたつあり、二軒で使う「二軒長屋」で、そういうリフォームをした家もここにはある。あるいは、入口ドアはひとつで、その共用ドアを入ると、何戸分かの家の玄関ドアがあるというリフォームをしてあるのだろうと想像した。

チェコに限らず、西洋の都心のアパートは、建物に入る大きなドアを開け、中に入って個々の家のドアを開けるようになっているから、一階と二階で二家族別々に暮らす二軒長屋になりうる。経済的な問題で所有者が「間貸し」に出したのか、それとも中国でもあったように共産党政権に接収されて、一戸建て住宅にいくつかの家族が同居するという例な

私の家の近所は、こういう大きな家が並んでいる。もちろん、1家族で1軒という家が多いだろうと思う。

のか、詳しい事情がわからない。

この住宅地の家は、ここ一〇年ほどの間にできた高級住宅もあるが、ほとんどは割と古い。手が入っているから、保存状態はいいが、新しい家ではないとわかる。いつごろの建物なのかどうしても知りたくなって、ちょうど家から出てきた若夫婦に話しかけた。

「ちょっとお尋ねします。このあたりの家は、いつごろ建ったものですか？」

「どの家も、五〇年から六〇年前ですね」

うまい英語を話すから、このまま情報収集をしたいと思ったのだが、乳母車を押す妻が車に近づいたので、会話を遠慮した。

一九五〇年代から六〇年代に建ったのか。共産党時代でも、こういう家を建てたのだ。党や軍の幹部、上級公務員用の住宅なのだろうか。

のちに、ここよりもはるかに豪華な住宅地を何か所かで見ている。プラハの北にある動物園に行く途中に見たのは、おそらく解放後に建った新しい高級住宅地だ。チェコ最高の超高級住宅地は、チェコを去る日のバスから見た。地下鉄A線のHradcanska駅からちょっと東に行ったあたり、レトナー公園の北は、戦前までは大富豪が住む邸宅が集まっ

南部の小さな街、チェスキー・クロムロフの郊外住宅。二戸一軒のセミデタッチド住宅。

こちらは、プラハのセミデタッチド住宅。ご近所にはこの程度の家はごく普通にあり、「元社会主義の貧しい国」というイメージは吹っ飛ぶ。

ていて、戦後は大使館街になったという話が、在プラハ元日本大使夫人が書いた『私はチェコびいき』（大鷹節子、朝日新聞社、二〇〇二）にあった。この著者夫婦が住んだ日本大使公邸もそこにあった。地図を見ると、Na Zatorce通りあたりは各国大使館が集まっている。

ロシア大使館もここにあり、かつてはソビエト大使館だった。どうやらこのあたりは「ソビエト地域」とも言える地域だ。解放前は地下鉄A線はHradcanskaの次のLeninova駅までだった。レーニンの名を冠したこの駅は、解放後Dejvicskaとなった。

郊外住宅を見ていて思い出したのは、日本にも同じ時代があったということだ。昭和戦前期、私鉄沿線の住宅地だ。今の新興住宅地とは違い、大会社のサラリーマンだったり官僚が住む小金持ちの住宅だ。日本建築史を読めば関連資料はいくらでも出てくる西洋住宅で、「応接間」があるのが新しい。

次の写真は、プラハの旧市街から地下鉄で十五分ほど、トラムなら三十分ほどのところにある地域で、現在ではもはや「新興住宅地」とは呼べないが、第二次大戦後に開発された地域らしい。

日本の不動産広告用語で言えば、「閑静な住宅地」を散歩する。この地区を歩く体力はあるが、建築資料を読み取る知識がないのが悔しい。

住宅の構造は、鉄筋コンクリートの柱と梁にコンクリートかレンガのブロックを積むのだとわかる。現在の住宅は、駐車場を備えている。

右上のような構造にレンガを積んで壁を作る。この工法はタイの住宅でも同じだが、壁の厚さがまったく違う。工事現場には、移動式トイレもちゃんとあるなと確認。

この家で気になったのは、ちょっとそった屋根だ。丸窓も含めて、なんだか「日本」を感じる。

一戸建ての住宅地域を抜けてトラムが走る大通りに出ると、オフィスやアパートが姿を見せるが、ただの、無味乾燥の、コンクリートの四角いビルではない。こういう建物に出会えるから、散歩が退屈しない。

生活者の気分

プラハで最初に泊まった宿は八人部屋のドミトリーだったが、そのあと利用することになった郊外の一戸建ての宿は個室だった。トイレやシャワーは共用だが、清潔に管理されていて不満はまったくない。廊下に小さな台所がついていて、カップや皿などもあるから、自炊する気ならある程度できる。洗濯するにはちょっと不便だが、洗面台で洗って、裏庭で干した。

部屋で朝食を済ませたら、通勤者のごとく駅まで一五分歩き、地下鉄でプラハの中心部に出かける。そして、夕暮れ前に駅に着き、買い物をして帰宅する。買い物は夕食と翌朝の食材だ。調べてみれば、駅には大きなスーパーが二軒あり、宿のすぐ近くにもある。夕方、スーパーマーケットで買い物をして、愛用の買い物袋を手に帰路を歩いていると、旅行者ではなく、なんだか「通勤している生活者」という感じがしてくるのだ。別人になった気分は、悪くない。郊外生活は想像していたほどひどくはなかった。

地下鉄C線ブジョヨビツカー(BUDEJOVICKA)駅周辺。オフィスビルの向こうに団地が見える。ここが、私の最寄り駅。

駅前ショッピングセンターには、スーパーマーケットやフードコートもある。

スーパーのなかのパン売り場。日本と違って、菓子パンや調理パンはあまりない。

買い物を終えると、夕暮れ。勤労者の帰宅の雰囲気で、「我が家」に帰る。

巨大スーパーでまず探したのは、インスタントコーヒーだ。第一の条件は小さいこと。大きなビンを持って旅行したくない。日本の一〇〇円ショップで売っているような、小さなビンに入ったインスタントコーヒーを探した。コーヒー・砂糖・粉ミルクが袋に入っている3in1というのは、持ち運びにはいいが、私は砂糖もミルクを入れないので、袋入りコーヒーは要らない。

「おっ、いいのが見つかった」と、小さなビン入りコーヒーに手を伸ばした。ラベルの感じは、私が好きな「ネスカフェ・クラシック」にやや近い。"BON AROMA"。ラベルを見ると、ポーランド製だとわかる。このコーヒーが気に入った。プラハでは三度買った。飲み残したら宿に寄贈し、次の宿でまた買った。

日記を見るとレシートが貼ってあり、"BON AROMA KAVA 100g 39・90"と打ち込んである。KAVAはコーヒーのことだ。一〇〇グラムビンで三九・九〇コルナということは、約二〇〇円だ。帰国後、ネットでこのコーヒーを調べると、ローソンストアで一〇〇円とか、ドン・キホーテで一八〇円とか、東京足立区のスーパーのチラシでは二九八円だったといった情報が見つかった。がぶ飲みするときは、やや薄めのコーヒーが好きなので、味も香りも深くは追及しない。コーヒー通がバカにするような安コーヒーが好きなのだが、日本のコンビニ・コーヒーは色付きのお湯という感じで、私にはあまりに薄く、うまさはまったく感じない。小さめのカップに、ネスカフェ・クラシックをティースプーン山盛り一杯（モーニングカップなら、二杯半）入れた濃さが好きだ。

朝食と夕食用にパンを各種買う。うまそうなパンはスーパーのパン売り場でいくつも売っているが、大きいのは買うのを断念する。日本では毎朝バナナを食べる習慣があるので、プラハでもバナナを買った。四本二二Kは一一〇円。レシートを読んで、チェコ語でバナナは"BANANY"だと知った。

日本のスーパーにある「お惣菜」のようなものは少なく、せいぜいトリもも肉のローストくらいだから、私はサラダをよく買った。朝食用ではなく、夕食用だ。量り売りのサラダは外見と名前で想像して注文した。外見と名前の両方でわかったのは、"BROKOLICOVY"。ブロッコリーのサラダだ。ポテトサラダだろうと想像して買ったのが"SALAT BRAMBOROVY　一六・三五K"。約八〇円だ。salatがサラダということは、想像がついた。そのあとの語の意味は食べてわかった。やはりジャガイモだ。帰国してから、辞書で調べて確認した。ただし、ジャガイモを意味するチェコ語は、使い方で変化していく。brambory、brambor、brambora、bramborach、bramproveなどと姿を変えていくから、勉強する気が失せるのだ。

日本でもよく見かけるパスタやジャガイモをマヨネーズで和えたサラダは、二〇〇グラムで一五～二〇K、つまり七五～一〇〇円くらいだ。味は日本のマヨネーズを使ったサラダとほとんど変わらない。量はこれで充分だが、もっと野菜を食べたいのでトマト一個も加える。パン、サラダ、トマト、コーヒーの夕食で、合計三〇Kほど、約一五〇円だ。節約するための夕食ではなく、自分の部屋で、ゆっくりテレビを見ながら、何杯かのコーヒーとともに野菜中心の食事をしたかっただけだ。駅近くのショッピングセンターのフードコートで食事をすれば、八〇～一三〇Kくらいで充分すぎるほど食べられる。四〇〇円から六五〇円くらいだから、節約のために自室で食事をしていたわけではない。

広さは6畳くらいか。ひとりで過ごすには充分だ。

ある日の夕食。ポテトサラダがうまい。トマトも。

朝食後、地図を見たりして、その日の散歩の計画を立てる。

キュビズム

プラハは、街全体が「建築博物館」になっている理由は、古い時代からの建造物がそのまま残っているからだ。例えば、こういう建物がある。

・ロマネスク様式……一〇世紀後半～一三世紀
・ゴシック様式……一二世紀中期～一五世紀末
・ルネサンス様式……一五～一七世紀初め
・バロック様式……一六世紀末～一八世紀中期
・アールヌーボー様式……一九世紀末～二〇世紀初め
・キュビズム様式……一九一一～二五年
・現代様式……二〇世紀後半

右に挙げた各様式の時代区分は国によって差があるのだが、建築のキュビズム様式はチェコだけの例だ。私は建築物にゴタゴタ飾りがついているのが好きではないので、プラハではもっぱらキュビズム様式と現代建築の建物を見た。時代的には二〇〜二一世紀の建築である。

キュビズムとは、二〇世紀初めにピカソやブラックが主導した美術運動だ。それまでの、「ひとつの視点で描く」絵画ではなく、多角的視点で描こうとしたもので、一枚の絵に人の顔が正面も側面の視点も併せて描く。

キュビズムは日本では「立体派」と呼ばれたようで、平面に立体的視点を取り入れるというのはわかるが、現実の立体である建築物が「キュビズム」と言われても、正直私にはよくわからない。直線的な凹凸のある壁面、水晶のようなデザインというのはわかる。アール・デコの近縁だなという想像もはたらく。

だから私の建築散歩は「プラハにしかないキュビズム建築鑑賞」ではなく、「なんとなく面白そうな建物を見て歩く」というものだった。

キュビズム建築としてもっとも有名なのは、黒い聖母の家だ。元は商業ビルとして設計されたものだが、現在は一階が喫茶店とキュビズム関連商品の売店、二階が喫茶店、三階と四階はキュビズム家具などを展示するギャラリーになっている。見どころは階段だ。

私は二階の喫茶店が気に入り、近所を散歩していたら、ここで休憩をした。トイレに行き、コーヒーや紅茶を飲み、日記を書いた。場所柄、喫茶店の料金は高いが、それでも日本の喫茶店と同じくらいの金額だ。

黒い聖母の家でもらったキュビズム建築ガイド"A Stroll Around Prague's Cubist Architecture"は、建築物のカラー写真と建築家の名前と生没年、そして地図がついているから、これをガイドにプラハを歩いた。全部で一六の建築物が紹介されていて、遠方にあるひとつを除いて一五すべてに行った。塗装を変えておもしろくなくなったものや、改装工事中だったものを除いて、いくつか紹介する。

キュビズム建築散歩は、散歩をする一応の名目のようなもので、深く研究するわけではない。ちょっとおもしろそうだったので、てくてくと歩いた。それだけのことなのだが、建築のおもしろい街は、散歩のおもしろい街でもある。

これが黒い聖母の家。1階が喫茶店と売店。2階が喫茶店。3,4階が美術館。

2階右の角にあるこの像から、「黒い聖母の家」と呼ばれている。

この建物の最大の見どころは、階段だと思う。

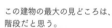

黒い聖母の家

3、4階の美術館。こういうカドカド直線デザインが、キュビズムなのか。私はアンクル・トリスを思い出した。

2階の喫茶店で休憩。珍しくレモンティーなんぞを注文してみた。テーブルの上、画面右に見えているのが、1階売店でもらったプラハのキュビズム散歩マップ。

黒い聖母の家のすぐ近くにあるアドリア宮殿。1922〜1925年の建築。下階は商店、上階はオフィス

ネクラノバ通りのアパート。1913〜1914年。印刷物の登場回数では黒い聖母の家以上に有名だろう。

リプシナ通りの住宅。1913年。

ブルタバ川沿いの住宅。1912〜1913年。

プラハのキュビズム建築とされるものを訪ね歩いても、私にはキュビズム建築とは一体何かということがわからない。建築の参考書を読めば、「非ユークリッド幾何学の思想を建築で表現したもの」などと言っても、普通の幾何学とは違うものなのだろうが、私にはわからないし、深く勉強しようとも思わない。

レジオン銀行は「在郷兵士銀行」だから、兵士のレリーフが壁面に飾られ（「兵士の帰還」というレリーフ）、なんだか社会主義国のようだが（このビルが建てられた時代は、チェコはまだ社会主義国ではない）、建物の中にはいると、おお、アール・デコだよと、デザインのド素人がカメラを取り出す。

のちに参考書を読むと、チェコのキュビズム建築というのは、結局のところチェコのアール・デコなのだという解説（「芸術新潮」一九九九、一二）を読んで、納得。このチェコのアール・デコは「一九二五年以降、国際的なアール・デコに飲み込まれた」ことで、キュビズム建築も終わる。

Tychonovaの住宅。1912～1913

The Svanda Theatre 1918~1920

インターコンチネンタルホテル脇の教員住宅。1917～1919

地図を見ながら、The Czechoslovak Legions Bank(1922~1923)を探した。通りの向こうに見つけたが、このときはまだ何の期待もしていなかった。

大通りを渡ると、ゴタゴタしたレリーフがあり、悪い予感がした。部外者も入れそうなので、ちょっと覗くことにする。

この木のドア、いいじゃないか。

右のドアも見る。このとき。「アール・デコ?」という印象だった。

木は美しいが、この柱の石は私好みではない。

おお、これはなんだ。なかは近代的な銀行だ。もう少しシンプルな方が好みだが、いいぞ。しばし、立ち止まり眺める。細部も撮影したくなる。

ひとつ上の写真のように、脇からの覗き見的な撮影はおめこぼしをしてくれたが、今度は正面から堂々と銀行にカメラを向け撮影、同時に「ご遠慮ください」という声が耳に入る。ここのガラス張りの天井も細部も撮影したかった。中に入れてくれれば、1時間以上は遊べるのになあ・・・と思いつつこのビルを出る。

ちなみに、この銀行はチェコスロバキア貿易銀行（CSOB）である。

インターナショナルホテル

『プラハを歩く』（田中充子、岩波新書、二〇〇一）で、インターナショナルホテルという建造物があることを知った。ソビエトの影響を強く受けた「スターリン・ゴシック」とでも呼ぶべき高層ビルなのだという。その新書に載っている写真を見ると、どこかエンパイア・ステートビルのようでもあり、田中充子氏はそちらを「キャピタリズム・ゴシック」としている。米ソの似た体質を表す建造物というおもしろい紹介がなされている。ちなみに、ワルシャワやラトビアの首都リーガにも、この手のソビエト御威光ビルがある。スターリンの威光を示す同じような姿の建物がある。

このホテルはチェコスロバキアがソビエトのスターリン体制の強い影響を受けて、一九五一年から八年かかって建てた軍用の施設だったらしい。ビロード革命後、レーニン像などソビエト関連の物は次々に取り壊されたが、このホテルはホリデーインのチェーンに入って営業を続けていて、しかも文化財に指定されているという。それならば、プラハを

動物園の丘から、写真で知っているあのホテルが見えた。

散歩していればそのうちに「ホリデーイン」の看板に出会うだろうと思っていたのだが、いっこうに見かけない。

ある日、偶然に、そのホテルを発見した。プラハの動物園は市の北の丘にあり、北から街を見下ろせる位置にあるのだが、眼下に『プラハを歩く』で見たことがあるインターナショナルホテルが見えた。市の中心地区に建っているのだろうと思っていたのだが、かなり北だ。バッグから区分地図を取り出して位置を確認すると、プラハ城のずっと北だ。こんな場所だと、散歩をしていて偶然出会うことはない。地図を見ると、トラム（路面電車）で簡単に行くことができるとわかり、翌日の散歩プランができた。

トラムの八、一八番の終点近くに、そのホテルがあった。すぐ北のブルダバ川の対岸が動物園だ。のちに調べると、このホテルは現在ホリデーインの手を離れ、ウクライナのホテルチェーン、モーツァルト・グループが経営しているようだ。ホテル予約サイトで調べると、安い部屋だと時期にもよるが七〇〇〇円台から泊まれるらしい。

「どうだ、このやろう！」と威張りくさっている建築物を前にして、ロビーを覗く気が失せた。入口付近にスーツ姿の警備員らしき男が立っていて、「KGB」という単語が出てくるような雰囲気だったこともあって、外から眺めるだけにした。

ホテル向かいの食堂に入った。カウンターに置いてあるメニューを見たが、もちろんチェコ語だけで、「さて、なにを注文しようか」と思案していたら、カウンターの男が、「席でお待ちください。すぐ伺いますから」ときちんとした英語で対応された。食堂のおやじが英語をしゃべるとは思わなかった。窓側の席で、店主おすすめのポークチョップを食べながら、スターリン・ゴシックのホテルを眺めた。

ポークチョップの昼めし。

プラハ城方面まで歩いてもすぐだから、散歩した。ガラス張りの近代ビルがあった。工科大学だということは看板でわかった。ここを右折すると、写真家田中長徳氏のアパートがあるあたりで、しかもこの地区は高級住宅と軍施設がある場所だと、帰国してからわかった。

帰国後資料を探した。細かいところで誤差がある。『プラハを歩く』では、このホテルは「一九五一年から八年がかりで建築」とある。"ドイツで出版された"Prague The Architecture Guide"では、"一九五三〜五九"の建築となっている。ウィキペディア英語版では、一九五二〜五六年の建築工事で、開業は一九五七年だとしている。開業当時の名称はロシア語で「友情」を表すHotel Družba、次にチェコの観光公社の名をとりHotel Čedok、解放後にHolliday Inn、そして二〇一三年までCrown Plaza Hotelとなって、現在はHotel International Pragueになった。日本の団体客も泊っているらしい。

よくわからないのは、二〇〇一年出版の『プラハを歩く』が、当時のクラウン・プラザホテルではなく、インターナショナル・ホテルの名でこのホテルを紹介していることだ。私の手元にあるのは二〇一六年九刷の版だから、増刷時に手を入れたのだろう。

こういう、無味乾燥の、つまらない通りを南下して、プラハ城方面に歩くと…

プラハ工科大学があった。ガラス張りではあるが、既存のコンクリートビルをガラスや樹脂で覆ったようだ。

高層ビル

ある日、ノビー・スミーホフ（Novy Smichov）に行った。スミーホフという地区にある巨大ショッピングセンターで、novyはもしかして英語のnewと同じかと思い調べると勘は当たった。「新スミーホフ」だ。ここに立ち寄った理由は、チェコの巨大ショッピングセンターはいかなるものかを知りたかったということと、バーツラフ広場の方から一時間ほどかけて歩いてきたから、休憩がてらトイレに寄っていこうと思ったからでもある。

一階にコスタ・カフェがあった。スペインでよく通ったチェーン店なのだが、マドリッドの王立劇場店は今年（二〇一八）二月に行ったら閉店していることがわかりガッカリしていたのだが、うれしいことにここプラハでは健在だった。このコスタ・カフェは紅茶の国イギリスのコーヒーチェーン店で、カップが大きく重いのが特徴だ。コーヒーの量が少ないエスプレッソの国では、コスタ・カフェのコーヒーがもっとも私の好みに合っていた。旧友に再会したようなものなので、敬意を表してプラハのこの店で休憩したかったのだが、幸か不幸か満席だ。旧友が繁盛しているのは「幸」なのだが、だから私が座る場所がないというのが「不幸」なのだ。

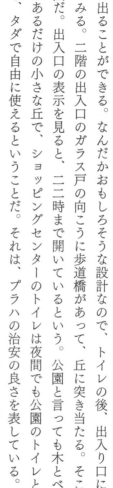

二階に上がってトイレに行く。右に曲がるとトイレなのだが、通路をそのまま進むと外に出ることができる。なんだかおもしろそうな設計なので、トイレの後、出入り口に戻ってみる。二階の出入口のガラス戸の向こうに歩道橋があって、丘に突き当たる。そこは公園だ。出入口の表示を見ると、二二時まで開いているという。公園と言っても木とベンチがあるだけの小さな丘で、ショッピングセンターのトイレは夜間でも公園のトイレとしても、タダで自由に使えるということだ。それは、プラハの治安の良さを表している。

2階から歩道橋で公園に行くことができる。

この丘に登った。プラハの西側から市内が一望できる。中心部には高い近代的な建物はないから、遠くまで見渡せる。

南の方に、ガラス張りの近代的高層ビルが見える。建物探検は、こういう

地平線の左手に小さく見えるのは高さ216メートルのテレビ塔。旧市街にもガラス張りの近代建築がぽつりぽつりあるが、中層なので、丘から眺めて目立つということはない。

カメラを南に向ける。右手に遠く高層ビルが何本か見える。中央のV字ビルが気にかかる。よし、あそこまで歩いてみるか。

深い谷にかかるヌセルスキー橋から、集合住宅を眺める。写真の下の方に見える円筒が煙突。よく見ると、何本かの煙突をまとめた四角い煙突もある。

現代建築も見ておこうと思った。大体の位置はわかるから、トラムや地下鉄で近くまで行くことはできるが、それではおもしろい散歩にならない。まだ、昼だ。よし、歩くか。それでは、落語「黄金《こがね》餅《もち》」をまねて……。

四、五、七番などのトラムが通るリディツカ通りを歩き、ブルタバ川のかかるパラツキー橋を渡り、川沿いをちょっと北に上がってダンシングビルを右折。カレル公園を抜けて、地下鉄イーパー・パバロバ駅がある交差点を右折して、一気にレジェロバ通りを南下する。右手には警察博物館がある公園が見えると、すぐさま深い谷となり、長いヌセルスキー橋が対岸と結んでいる。橋が手すりの上まで金網で覆われているのは自殺防止用なのだろうか。この谷は深いので、中層の建物の屋根を見下ろす位置になる。一〇〇年か二〇〇年ほどたっているらしい建物の屋根には、とてもサンタクロースは入れないような細い煙突が何本も立っている。レンガの四角い煙突というのは大邸宅のもので、集合住宅では、一棟が何本かの煙突を共有しているようだ。三〇年前のプラハの冬は、おそらく石炭をたく煙で曇っていただろう。

ビシュヘラド駅は谷底にあるので、地下鉄のホームは地上にある。駅の入口のひとつが、ホームだというのはよそ者には驚きだった。緑地にガラス張りのドアが何枚もあり、その向こうがホームだ。地下鉄には日本のような改札口がないから、乗り降りは地上の駅だとトラム（路面電車）と変わらない。

ビシュヘラド駅近くは中層だが、近代的な建物が建っている。大きな建物には、プラハ国際会議場の看板が見える。いわゆる現代建築はこのあたりから南にできつつあることがわかる。

あと、まだ五、六キロはあるな。

南に目ざすガラス張りの高層ビルが見えている。四角いだけのビルはどうでもいいのだが、V字のようになったツインタワービルがちょっと気になる。目的地まではまだまだある。

プタッスケホー・ポフスタニー駅周辺はあまりおもしろそうではないので、寄り道せずにさっさと歩く。そして、パンクラック駅。駅のすぐ近くに、すでに来たことがある大きなショッピングセンターがある。そこのトイレに寄ってから、散歩を続ける。トイレがある場所では、かならず用を足しておくというのが散歩のコツである。ちなみに、プラハのトイレはおおむね清潔で、無料なのがありがたい。日本並みである。

目指すビルは裏手にある。V字ビルは見る角度によって、V字の開き方が変わるのがおもしろい。まだ完成していないようだが、おそらく下階がオフィスで、上階がアパートだろう。一〇キロほどの建築散歩だが、その足元まで来たからといって、何かがわかるわけではない。書店で買ったプラハ建築ガイドは二〇一三年の出版だから、それ以後に建てられたこのビルについては当然触れていない。

右のV字型ビルがちょっと気にかかって歩き出したのだが、きょうの散歩の目標物をこのビルに定めただけで、このビルそのものに強い関心があるわけではない。

これで建築散歩は終わり、ショッピングセンターで何か食べて帰ろうかと歩きだしたら、西の遠方、沈みゆく夕日の方向に穴の書いた建物が見えた。ビルの腹に穴があるビルは、東京のＮＥＣビルや香港のレパルスベイ・ホテルなどいくつもあるが、ここの穴は大きい。西日で逆光になっていてよく見えないので、近づいてみようとパンクラナツィ公園を歩きだしたが、目測以上に遠い。どうやら、この周辺は新興のやや高額の住宅地らしい。夕方の公園ではバーベキューをやっている人もいる。公園の売店でおもに扱っているのはビールだというあたりは、さすがビールの国チェコである。

このアパートのことは、"Prague The Architecture Guide"に出ていて、"Kavci Hory A Residence"という。建築業界での通称は"Hollow House"（空洞の家）というらしい。私としては、大口を開いていると見なして、"Hello House"の方がおもしろいのになと思った。二〇〇九年の完成で、六五室のアパートだ。たぶん、高額だろう。

このアパートの斜め向かいにあるのがCeska Televize。チェコ・テレビ局社屋だということは想像でわかる。テレビ局がある新市街ということは、お台場か。

このクラスの高級アパートだと、ベランダで洗濯物を干さないのか、夕暮れ前のこの日はたまたま干してなかったのかは不明。

" Ceská televize" という看板で、このビルの身元がわかった。

第六章

此頃都ニハヤル物

プラハを散歩していて耳障りなこと、聴覚に与える不快なことは、まずサイレンだ。救急車とパトカーの両方があるようだが、まるで犯罪多発都市のように昼夜サイレンが鳴り響いている。特に、深夜早朝は安眠を妨げる。プラハ在住者のブログに同様の記述がある。プラハは、実は本当はうるさい街なのだ。サイレンがうるさい理由をご存知の方は、ご教授ください。

チェコ、あるいはプラハは安全な場所というイメージがあるが、プラハの日本大使館の犯罪報告書があるので、ここでちょっと紹介する。人口一万人あたりの犯罪発生件数は、チェコは日本の二・五倍。殺人や強盗など凶悪犯罪発生状況は、殺人事件は日本の二倍、路上強盗は日本の八倍。フランスやアメリカよりは安全というだけで、チョコのガイド本が見せるような夢の国ではない。トラベルライターは、観光関連団体が喜ぶようなコマーシャルを書くコピーライターだから、その国の提灯記事しか書かない。

目に映る「はやり物」に関して、私よりも前に書いている人がいる。一九七〇年代からプラハを見続けている写真家、田中長徳の『屋根裏プラハ』(新潮社、二〇一二)にこうある。

「プラハの街並みで、この二十年間最大の変化は、バロックの見事な目抜き通りに並んだ携帯屋であろう。ビロード革命（一九八九年に、当時の共産党政権を倒した民主化革命のこと。前川注）の後、最初は両替屋が増えた。それから数年後に『西側世界の安ぴかアクセサリーや化粧品』を売る小店になった。さらに数年が経過して携帯ショップになった」

現在、プラハの中心地、観光客が多く集まる地域で目立つのは両替屋だ。チェコはEU加盟国だが、通貨はユーロではなく、コルナkoruna（英語ではcrown）を使っている。したがって、外国人は外貨をコルナに両替する必要がある。それが、両替屋が目立つ理由だ。クレジットカードが使える店はあるが、それほど多くないらしい。また、「カードは使えるけど、現金払いなら割り引くよ」という店もある。

プラハ観光の問題点は、悪徳タクシーと悪徳両替屋だ。両替事情に疎い観光客に、不当に安い為替レートで両替させたり、法外な手数料を請求したりといったトラブルもよくあるようで、「この両替屋では、絶対に両替するな」という警告動画もネット上にあるくらいだ。

二〇一八年の私の印象で、プラハで目につくものを以下にいくつか書き出してみよう。

タイ・マッサージ

　プラハでもっとも有名な広場といえば、旧市街広場とバーツラフ広場が首位争いをするだろうが、繁華街でもあるという条件を加えると、バーツラフ広場が首位に来る。そこは、正確には広場というよりも、大通りと呼んだほうがいいのかもしれないが、チェコ語でもnamestí（広場）だ。昔の写真を見ると中央を路面電車が走る大通りだったが、線路部分が広場になり、何かの催事があると車道部分も閉鎖され、長さ七〇〇メートルほどの細長い広場になる。

　高級ホテルも立ち並ぶこの広場の歩道で、タイのサムロー・ティープを見てしまった。今でもタイの地方都市ではタクシーとして使われている三輪自転車のタクシーだ。ベロタクシーなどと呼ばれる別の姿の三輪自転車はヨーロッパにあるが、この形のサムローは一九八〇年のサンフランシスコで観光タクシーとして使われているのを見て以来、タイとラオス以外では見ていない。プラハでも、これで観光タクシーをやっているのだろうかと思って写真を撮ったのだが、なんだか変だ。振り返ると"THAI MASSAGE"の看板が見えた。マッサージ屋の客寄せ広告に使っているのだ。

それがチェコで初めて見たタイ・マッサージの店だが、散歩をしていたらチェーン店もあれば、単独の店もある。とにかく多い。どこにでもあると言っていいくらいある。おかげで、プラハの古い建物に挟まれた路地で、タイ最高の歌手プムプアンの歌声を聞いた。東北タイのモーラム(伝統歌謡)も聞いた。客寄せのために、道路に大音響の音楽を排出しているのは、プラハではタイ・マッサージの店だけだ。そこだけがアジアだ。

店頭の料金表を見てみる。「高い!」というのが第一印象だ。もっとも安いコースで、三〇分三〇〇コルナ以上する。つまり一五〇〇円だ。「なあんだ、安いじゃないか」と思うのはカネを持った観光客だ。一〇〇コルナで食事ができる国だ。歩道から店内をうかがうと、タイ語が聞こえたので、タイ人女性はいるのだろうが、全員タイ人かどうかわからない。二階や路地裏の店もあり、どの程度のマッサージかまったくわからない。

あるタイ・マッサージ・チェーン店の前で、車のボンネットに腰を下ろし、大声で電話している男は中国語を話していた。タバコをふかしながらで、ブローカー、あるいはアウ

タイのサムローが、マッサージ店の広告用に置いてある。

トレイジ風の物腰で、店長だろうか。おそらく中国人の経営で、タイ人が協力者として人事関連の業務を担当しているのだろうと想像した。

田中長徳の『屋根裏プラハ』は二〇〇九年から二〇一一年にかけて雑誌に掲載された文章を集めた本だが、そこにはタイ・マッサージ店のことはまったく出てこない。もしかすると、マッサージ店がこんなに出現したのはここ五年ほどのことかもしれない。一応、日本人旅行者のブログなどで確認すると、二〇〇五年など二〇一〇年以前の報告もあるが、やはりここ五年くらいの報告が多い。

チェーン店が多いが、路地裏の小さな店もある。どういうものであれ、プラハでは異様な景色で、いずれ問題になるかもしれない。
これもタイマッサージチェーン店。客寄せとはいえ、タイのサムローと東ドイツのトラバントが並んでいるのはいかにも現代史的光景である。この女性が身につけているのはタイの腰布ではなく、どこかの布をズボン状にしたものだ。これをもって、「彼女はタイ人ではない」とは断定できない。トラバントに腰かけながら、大声で中国語でしゃべっている男。中国人はなぜか、スマホを空に向けて、スマホ下部のマイクに向かってしゃべるクセがある。画像解読をしていくと、じつに興味深い写真である。

ベトナム料理店

プラハで見ていたテレビから、ヒップホップグループのプロモーション・ビデオが流れていた。撮影現場は市場のようで、ベトナム語の看板が見えるのだが、ベトナムの空気ではないことは私にもわかる。さて、そこはどこだ？　という疑問をもっただけでそれっきりになっていたのだが、プラハのことを調べている今、謎が解けた。プラハの南部、地下鉄C線カツェージョフ（Kacerov）駅の南にある通称「リトル・ハノイ」こと、サパ市場だった。サパは私も行ったことがあるベトナム北部、中国との国境近くの街で、その名をとったベトナム市場がプラハにある。インターネットでプラハのことをいろいろ調べていて、その事実をたった今知った。今まで知らなかったのだから、当然行ったことがない。すぐ近くまで行っていながら市場を知らないから行かなかったという事実に、くやしさがこみ上げる。実は、こういうことはほかにもあって、調べ事をしていると、よく歩いた道路なのに、あるビルの中に入らなかったことを、「ああ」と嘆いたりすることが何度もあった。あまりの悔しさに、すぐにまた行きたくなって、航空券情報を調べたりしている。プラハはそのくらい気に掛かる街だ。

さて、チェコのベトナム人だ。チェコスロバキア時代から、同じ社会主義国ということでベトナムと深い関係にあった。留学や技術研修やおそらく単純労働者として、多くのベトナム人がチェコスロバキアにやって来た。元日本大使夫人が書いた『私はチェコびいき』（大鷹節子、朝日新聞社、二〇〇二）によれば、共産党政権時代には、毎年三万人ものベトナム人労働者を受け入れていたそうだ。こういういきさつがあるから、ベトナム市場が北部の街サパの名をつけているのだろうし、通称が「リトル・サイゴン」ではなく、「リトル・ハノイ」になっているのだろうと、私は想像する。

一九八九年の民主化で、ベトナム人はいったん帰国したものの、チェコでの生活に慣れていて、チェコ語ができるベトナム人はチェコにとって貴重な労働力だから、ふたたびチェコに迎え入れられた。若いベトナム人が流暢なチェコ語をしゃべるのは、チェコ育ちだからだろうか。現在は二世が活躍する時代に入っているのだ。チェコ政府の統計によれば、チェコ在住ベトナム人は、一九九六年は三八〇〇人だったが、現在は六万人ほどいるようだ。それに対して、チェコ在住中国人は六〇〇〇人弱、韓国人や日本人はそれぞれ二〇〇〇人以下だ。

旅行者にもすぐにわかるベトナムは、ベトナム料理店の存在だろう。雑貨店でも多くの東アジア風の顔つきの人によく合うが、ベトナム人か中国人かの区別がつかない。ベトナム料理店はプラハのいたるところにある。マクドナルドやKFCを探すよりも、ベトナム料理店を探すほうがよっぽど楽だ。だから、少なくともプラハに住む人たちにとって、ベトナム料理はもはや特別な食べ物ではない。中国料理店はベトナム料理店ほどではないが、やはり数多くある。統計資料ではなく、街散歩の印象で言えば、プラハでもっとも多い外国料理店はベトナム料理で、次は中国料理店だ。そして、ピザ店とケバブ店が続く。

『屋根裏プラハ』(田中長徳)によれば、一九八九年のビロード革命以前のアジア料理店は、中国料理店とベトナム料理店がそれぞれ一軒あっただけで、日本料理店はまだなかったという。二〇一七年のジェトロの資料「プラハスタイル」には、二〇一六年現在チェコにある日本料理店は一五八軒、そのうちプラハに一〇二軒あるという。「日本料理店」をどう定義しているのかわからない。ジェトロはこの三〇年間でこれだけ増えたとしているが、街を散歩していて、「日本料理店が多いなあ」と認識したことはない。それどころか、道路に面した日本料理店を見た記憶がほとんどない。うどんや牛丼やラーメンのチェーン店があるわけではない。ところが、ベトナム料理店は街のいたるところで見かける。とすれば、日本料理店をはるかに超える店舗数があると想像できる。

チェコ在住日本人が書いているブログ「新チェコ生活日記二」を読むと、「ベトナム料理がプラハでブーム」という記述が出てくるのは二〇一二年で、そのころにサパ市場がオープンしたようだ。

二〇一九年、リトアニアの首都ビリニュスの安宿で、ベトナム系チェコ人の若者に会った。彼の父親は若い頃チェコで働いて、ベトナムに帰国。そして、小学生になった彼を連れて、再びチェコに移住したという。一〇年ほど前までは、チェコになじめないベトナム人とチェコ人の間でいろいろいざこざがあったが、ベトナム人側が広報活動などに努力して、いまは大きな衝突はないという。「ぼくが銀行員になれたんだから、差別はないですよ」という。「チェコのベトナム料理店には、中国人経営の店も少なからずありますよ」とも言っていた。「テーブルにニョクマムを置いてないと、中国人経営の店です」。

私の想像だが、一時代前のファーストフード店のような気がする。プラハ郊外で見かけた猛獣の檻か留置所のようなピザ屋。共産党政権時代からのものだろうか。

今や、こういうベトナム料理店はプラハのどこにでもある。安いのが魅力だろう。

私もたまらず、フォーを注文した。トウガラシ、レモン、キムチがついていた。量がベトナムや日本基準から考えると超大盛りである。だから、割安感が増すのだろう。量が多くなるのがチェコ化かもしれない。

上のフォーがイマイチだったので、別の店で注文。テーブルにニョクマムを見つけ、丼に注ぐ。「ああ、うまい。発酵食品のうまさ」。塩とコショーだけの味付けでは、やはり物足りない。

すし

一九九五年から九六年にプラハで生活した日本人は、チェコ人にとっての魚をこう書いている。

「内陸国のチェコの人たちは、昔から海の幸にはなじみがないため、魚介類を見るとき、まるでエイリアンでも観察するかのような、恐怖まじりの怪訝な目つきをします。魚といえば、焼いた川魚を食べる程度。生で食べるなんて想像外です」（『プラハの春は鯉の味』北川幸子、日本貿易振興会、一九九七）

チェコ人にとって魚料理とは、クリスマスに食べる鯉くらいのものだった。著者がプラハに住んでいた一九九六年当時、日本料理店は三店あったというが、その後すし事情は大きく変わった。チェコ人が海の魚を生で食べるようになったのだ。

チェコのすしは、ふたつの意味で意外だった。プラハの郊外を散歩していて出会った一戸建ての中国料理店は、その見かけからすれば日本の「ラーメン屋」という感じなのだが、店頭に張り出した料理写真を見ていたら、右半分がすしだった。その店から数十メートルいったところにベトナム料理店があり、そこでも写真メニューの半分がすしだった。すしを食べさせる店が多くあったことに驚き、それが中国料理店やベトナム料理店のメニューに組み込まれているという点でも驚いた。ピザ屋とケバブ屋は兼業することも少なくないが、アジア料理店がすしも出している例が数多い。

プラハ散歩を続けていると、スーパーマーケットにすし弁当があることに驚いた。これが意外に思ったもうひとつのことだ。そのスーパーが入っているショッピングセンター全館探検をして、もっと驚いた。すしが三店舗で扱っているのだ。一階の通路に店を開いているのが、〝sushi time〟というすし弁当屋。キュウリやカニカマの海苔巻きにサーモンやマグロの握りが詰め合わせてあって、一人前くらいの量がある。これで一五〇コルナくらいだから、日本円で七五〇円。食堂で割合高い料理が食べられる金額だ。

ショッピングセンターの二階に上がると、〝running sushi〟という回転ずしチェーン店があった。チェコ語と英語のチラシがあるので、料金を確認する。基本的には食べ放題で、月〜木の一一時から一七時まで三三八コルナ、一七時から二二時までは四一八コルナ。金

〜日は昼は三六八コルナ、夜は四三八コルナ。食べ放題のほか、丼物など一品料理もある。プラハ市民の外食は最低クラスで一〇〇コルナ(五〇〇円)程度なので、四倍だからこれは高い。飲み物代も加わるから、支払い総額はもっと高くなる。回転している料理を見てみると、意外にすしは少なく、煮物など日本の居酒屋メニューのほかケーキ類も多い。客がけっこういるが、チェコ人がどれだけいるかわからない。

回転ずし店を見た後、フードコートになっている店内の食堂をチェックしていたらタイ料理店があり、料理人の会話に耳を澄ますとタイ語だ。タイ人が料理していることがわかる。日本で「ガパオライス」という名で知名度が上がっている「カーオ・パット・バイカプラオ」もあるが、高い。基本的に、私はタイ国外でタイ料理は食べないことにしている。高くて、まずい可能性があるからだが、それでも一応この店のメニューを左上から点検していたら、右側がすしだった。ああ、アジア料理店にはすしがつきものらしい。

私は食文化研究者としてはまだまだ素人だとつくづく思うのは、プラハのすしを試食していないことだ。高くてまずいに違いないと思い、食指が動かなかったのだ。しかし、一度は食べてみる好奇心が必要だったと反省している。はたして酢飯にしているのか、酢は臭くないか、砂糖がたっぷり入っていないかなど、チェックしないといけないことが多いのに、研究心よりも食欲が勝ち、食べたいものを食べてしまった。食べたくもないものを無理してでも食べるようにならないと、立派な食文化研究者にはなれないのだ。

日本人が握っているすし屋もあるだろうが、海のないチェコで日本人がうまいと思うすしを食べようとしたら、とんでもない金額になることだろう。ベトナム料理店やタイ料理店にすしはあるが、注文があれば料理人が巻いたり握ったりするのか、あるいは、卸業者から仕入れているのだろうか。フードコートのベトナム料理&すしの店では、厨房の半分で実際にすしを作っている光景は見ている。

料理写真を見ていると…、

左側は中国料理、右側はすし。

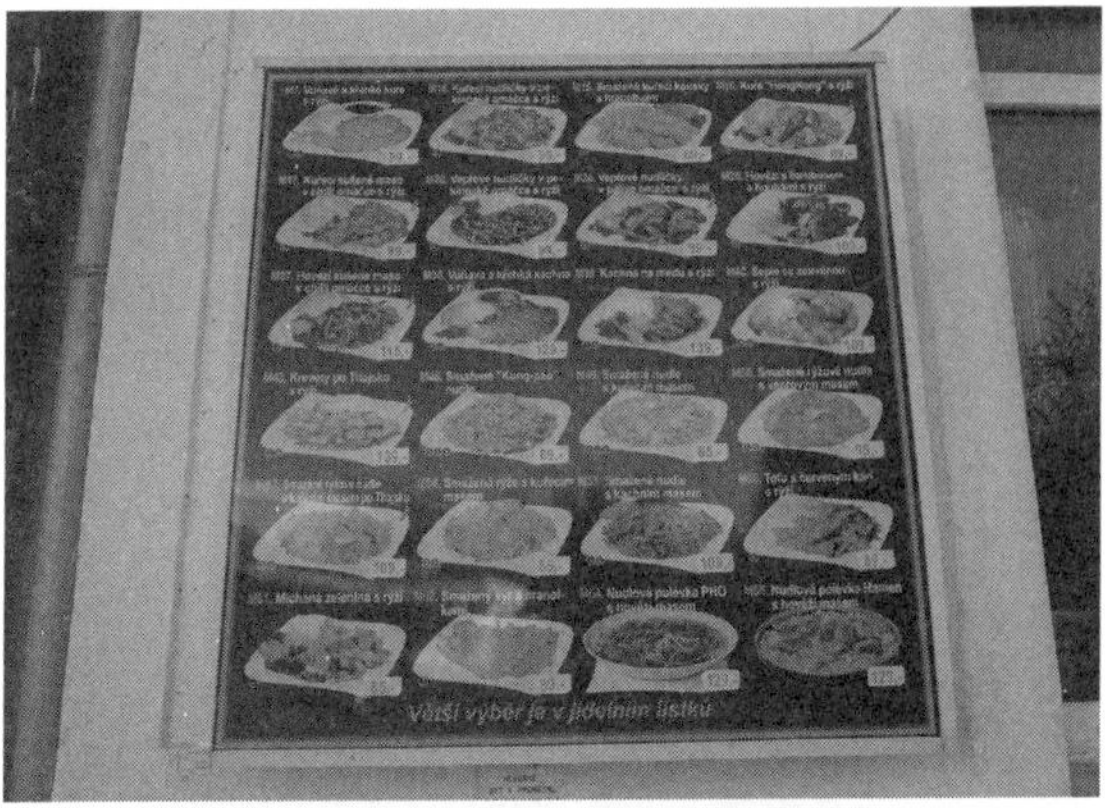

ショッピングセンターの通路にすしの売店を見つけて、階下に行く。

弁当とすしだ。ちょっと高い。

再び上の階に行くと、回転すしの店があった。

第七章

ティナと

ティナと

一

夜九時過ぎごろだっただろか、宿のリビング&ダイニングで、私はひとり、テレビを見ていた。プラハで三軒目となる宿でのことだ。チェコの音楽事情をテレビで調べていた。ドミトリーのない宿だから、客数は少ない。シャワーやトイレは共用だが、順番を待つほど混んだことはない。

ドアが開いて、若い女性が入ってきた。

「ハイ、ハロー」と反射的に声をかけ、

「ハロー」と返ってきた。

それだけの会話だった。彼女は水を飲んで出て行った。アジアの血が入っているような顔つきだが、日本のタレントやモデルに多い、日本人と西洋人の両方の血が入っていると

ピザ2枚300円ほどの夕食。このピザの向こうにティナがいる。

いう感じではなく、インドネシアなどで時々見かける色白の人で、しかし中国系でもないような、素性がわかりにくい顔つきだった。

翌日の、まだ早い夜、七時頃だっただろうか。その日の夕食は宿の近くでピザを買い、再びテレビで音楽番組を見ながら食べる計画だった。「なつかしのメロディー」のような番組をやっているので、数十年前のチェコ音楽事情がわかる。CMのチェックもしてみたかった。

昨夜の彼女が同じように台所に来て、同じように「ハーイ」と挨拶したあと、料理を始めた。私から声をかけたとは思うが、何と言ったか覚えていない。多分、「今夜のメニューは何？」とでも言ったのだろう。彼女は料理をしながら、私はピザを食べながら、とりとめのない事柄を話し、そして彼女はできた料理を食べながら、私はコーヒーをもう一杯作って飲みながら、引き続きいろいろな話をした。以後、私がプラハを離れるまで、毎夜こうした雑談会が続いた。

「旅行者なの？」

「いいえ、勉強しています」

「留学生？」

「いいえ、ベルギー大使館でインターンシップをやりながら、自分の研究をしています。いずれ書く論文のための調査です」

「大学生なの？」

「大学院の修士課程です。専攻は国際関係論ですが、修士論文はバチャをやろうと思っているんですが、これが大変で、世界のいくつかの関連会社とコンタクトを取ろうとしてもタライ回しにあって、取りあってくれないんですよ、まったく！」

Baťaの看板は、おそらくチェコのどこにでもあるだろうが、今はチェコの会社ではない。

バチャというのは、世界的な靴メーカーで、チェコで生まれた会社。チェコ語ではBaťaと書き、ťの上に記号があるのでバチャと発音する。チェコ以外では記号を取ってBataと書きバタと呼ばれる。複雑な歴史があるのは、私も調べたことがあるからわかる。
もう四〇年近く前になるが、バタはインドの会社だと思っていた私に、「インドじゃなくて、たしかチェコで生まれた会社ですよ」と教えてくれたのがインド映画に詳しい知の巨人松岡環師（本当にいろいろ教えてもらった）だ。のちにインターネットの時代に入り、気になってちょっと調べたことがあった。

彼女は焼きあがったステーキを食べながら、長めの自己紹介をした。初対面の人に対する礼儀だと考えている育ちの良さからなのか、それともその顔つきからいつも出自を聞かれるから自分から先に話してしまおうと考えたのだろうか。

彼女はベルギーの大学院生。父はベルギー人、母はマダガスカル人。名はティナ。クリスティーナの省略形。

「そうか、わかった。マダガスカルにはインドネシア方面から大勢やって来た歴史がある。だから、アフリカだが、アジア人の顔つきをした人が多い国なんだ。母親がマダガスカル出身ということは、父親はベルギー南部の人なのかな？」

マダガスカルは元フランスの植民地だから、ベルギーのフランス語圏である南部出身だろうと想像したのだ。

「ええ、そうです。スランス語圏です。ベルギーに詳しそうですね？」

「いや、詳しいというほどじゃないけど、言語と社会というテーマで授業をやったことがあってね、そのときにベルギーの言語事情や経済史を少しは調べたんだ」

そう言って、大学の授業でベルギーをとり上げたことがあると、彼女にならって私もちょっと自己紹介をした。ベルギーの南北問題と経済といった話を授業でやったことがある。ベルギー南部はフランス語圏で、北部はオランダ語（正確にはフラマン語）圏、一部がドイツ語圏になっている。都市の名もそれぞれの言語による表記があり、外国人は英語など別の名で呼ぶからややこしいことになる。「ベルギー」という呼称は日本のもので、オランダ語なら「ベルヒエ」、フランス語なら「ベルジック」、ドイツ語では「ベルギエン」と公用語の自称が三つある。ついでに英語だと「ベルジャム」。

一九七五年、フランスからオランダにヒッチハイクしているとき、"Belgium"と書いた紙を掲げている旅行者がいて、「それ、どこの国の街?」とたずねたことがある。路上でのかみ合わない会話の結果、どうやら日本人が「ベルギー」と呼んでいる国のことらしいとわかった。そういう思い出話もティナにした。自己紹介をせずにベルギーの南北問題といった話をすると、「この人、何者?」と疑問を抱くと思ったので、あえて自己紹介をしたのだ。

ある国の言語事情を調べると、その国の民族や歴史や社会問題などもわかって興味深い。彼女が食事をしている間、マダガスカルとベルギーの言語事情の話をちょっとしてから、音楽の話をしてみた。

「マダガスカル音楽のCDを何枚か持っているよ、四角いギターがあってね」とカボシという楽器の話をしたが、反応はなかった。彼女はマダガスカルに行ったことはあるが、その音楽には関心がないようだから、またベルギーの言語事情に話を戻した。

「実は、両親は離婚して、新しい父はドイツ人なんですが、フランス語を自由にしゃべれるので、父子の会話にはまったく問題ないんです」

食後、彼女はパソコンを取り出して、実家がある地域を地図で見せてくれた。

「ベルギーのずーと南、南部の小さな街。すぐ南がフランス。ほらね、ほんのちょっとでフランスでしょ。東に行くとルクセンブルグ、そしてドイツ。そういう地域で私は育ったの」

二

「さっきの子供の通学の話だけど、違うと思うんだ……」とティナが言った。翌日の雑談会だ。雑談会だから、話題がどんどん変わる。通学の話というのはこういうことだ。

プラハの郊外にいたときの話だ。駅から帰宅する薄暮のころ、私の前を下校する小学校低学年くらいの女の子がひとりで歩いていた。道路をちゃんと渡れるかどうか心配だから彼女の脇に立ち、道路に飛び出さないように気を配った。その時に気がついたのは、「小学生の子を歩いて通学させるなどという危ないことをさせたら、親は責任を問われます。だから、日本で小学生が歩いて通学しているのを見てびっくりしたんです」という何人かの在日欧米人の発言だ。日本がいかに安全かという話の例なのだが、ということは、プラハは実に安全な街だということだ。

食事中のティナに、そんな話をした。食事を終えて、洗い物をして、彼女はパソコンを取り出して、「さっきの子供の通学の話だけど……」と話し始めた。

「これが、私の街」

グーグルアースをモニターに出した。きのうはベルギー南部の俯瞰図を見たが、今度は家並みが見える。

「これが、小学生時代に住んでいた家。小学校はここ。私は毎日この道を歩いて学校に通っていました。ベルギーだって、こういう小さな街なら小学生が歩いて通学しても安全ですよ」

「ブリュッセルだと無理でも、小さな街なら小学生が歩いて通学するというわけか」

「そうです」

ティナは空撮映像をもっと拡大した。話だけならすぐには理解しにくいが、鮮明な画像だとわかりやすい。夏の、明るく輝いている昼間の住宅地だ。モニター上のカーソルがほんのちょっと移動した。ストリートビューの画面を、彼女と一緒に歩く。

「ここが、今両親が住んでいる家。前の家のすぐ近くです。あっ、庭に、ほら、犬が見える！　へ〜、ストリートビューでウチの庭まで見えるんだ」

新興住宅地というのが正しい表現だろう。端正な家が並び、その外側に畑と林が見える。解説付きでストリートビューを見ていると、彼女の案内でご近所を歩いているような不思議な気分になってくる。

「あなたが住んでいる街も見せて」

そう言うので、ノートパソコンを手前に持ってきたが、キーボードが打てない。配列がまったく違うのだ。

「そう、それ、フランス語用だから」

パソコンなど機械全般に疎い。日本には五〇音配列のキーボードがあることは知っているが現物を見たことはない。日本のこともよく知らないのだから、外国のキーボード事情などなおさら知らない。

指一本で、私が住んでいる街の名をローマ字入力して、空撮映像を出した。

「これが、アジアの街だ」

ティナは母の故郷マダガスカルには行ったことがあるが、アジアはまったく知らない。ベルギーの住宅地と比べると、我が町の、なんと雑然としたことか。私は大都市の街なかで暮らしているわけではないが、空撮映像を見ると、「なんともせせこましい地域」で、息をひそめて生きていることがわかる。ティナが育った街の家々も、日本の郊外住宅と家そのものの大きさはほとんど変わらない。しかし、三軒分の敷地に一軒建っている感じだ。ベルギーのそういう街で生活したいかと問われれば、「眠くなりそうだな」と答えるしかないが、それは今では決して否定的表現ではなくなった。若い時は、「そんな眠くなる街なんかうんざりだ」と思って、ヨーロッパを避けてアジアの雑踏に飛び出して行ったのだが、今なら「うとうとできるくらい静かな街なら、それはそれでいいじゃないか」となった。退屈な田舎は嫌いだが、のんびりできる小さな町はしだいに肌に合うようになってきた。

バンコクのように、二四時間いつもどこからでも、エンジン音が鳴り響いている街には、もううんざりしている。しかし、アジアの雑然とした街には、うまいものがいくらでもある。それが、旅行先選びの大問題だ。

三

毎夜、ホテルの台所で開かれるふたりの雑談会。その日のテーマは、言葉から始まった。彼女の母語はフランス語で、北部で使われているオランダ語も、ドイツ語もある程度わかる。英語は、文献を読んだりするのには不自由はないが、会話が問題だといった。

「イギリス人なんかと話していると、同じように早くしゃべれなくてイライラするし、口語表現がよくわからない。発音で苦労するのは、H。英語をしゃべっていても、『フランス語のようにHを落として発音しちゃだめだ』という意識が強く働いて、会話がおろそかになりそうなの」

Hを巡る感覚は、私にはわからない。

「フランス語だって、ちゃんとHを発音すればいいんだよね、書いてあるんだから。それがいやなら、Hを落として書けばいいんだけどな」

私の暴論にティナは苦笑いした。「そんなこと、できるわけないじゃない、バカね」という笑いで、もちろん私もわかって言っているのだ。「LとRは違う文字で書いてあるんだから、それぞれ違う発音をすればいいじゃない」と言われたら、返す言葉がない。

次に、ベルギーの企業の話になった。「ベルギーに、世界的に有名な企業はあるのか」と質問した。C&Aという衣料品チェーン店がベルギーの企業だということを、この時はまだ知らなかった。

彼女はパソコンの画面に大企業のリストを出した。

「有名企業はあるんですよ。あっ、ここは有名だけど銃器の会社。ここは、ビールの会社、これはスーパーマーケット……」

企業の説明をしていくが、私は知らない。それは私の知識不足のせいだ。リストをのぞき込むと、一社だけ知っている企業があった。Godiva。チョコレートのゴディバだが、彼女はあまり好きではないらしい。

「もっと高級なところはあるし、もっとおいしくて安いチョコもあるし……」とチョコレートメーカーの名を挙げたが、すべて私は知らない。

音楽の話もした。そもそもベルギーの音楽も歌手も知らないから論外で、彼女もなじんでいるフランスの音楽の話が始まった。

「フランスの音楽なんて、知らないなあ。今、どういう音楽が流行ってるのか、全く知らない。若い歌手やグループで知っているのは……、ああ、名前を忘れた。昔の人なら、少しは知っているよ」

「昔の人って、例えば？　フランス・ギャル？」

「そう、それからシルビー・バルタン。フランソワーズ・アルディー……、ああ、大事な人を忘れていた。エディット・ピアフ」

「私、ピアフは好きですよ」

「それから、ジョニー・アルディー、シャルル・アズナブール、ムスタキ、ミシェル・ポルナレフ、ブリジット・フォンテーヌ、ジェーン・パーキン、アダモ、エンリコ・マシアス、クレモンティーヌ……」

現在の国籍は知らないが、フランス語で歌っていても、ジョルジュ・ムスタキはエジプト育ちのギリシャ系ユダヤ人、ジェーン・パーキンはイギリス人、マシアスはアルジェリアで生まれ育ったフランス人。シルビー・バルタンだって、ブルガリア出身。彼らの経歴はある程度知っていたが、アダモはイタリア生まれのベルギー人だということを、今この文章の確認作業をしていて初めて知った。

「あっ古い人の名前を突然思い出した。イブ・モンタン」

「だいぶ古いわね。先日亡くなりましたね」

ちょっと前にテレビを見ていて、ニュースの時間に、若いころのイブ・モンタンが歌うシーンが流れ、高齢だから「もしや……」と思ったのだが、やはり、あれは訃報だったのか。

瞬時に、イブ・モンタンが出演した映画のことを思い出した。何本かは見ている。すると、あの時代の古い歌手たちの名が次々と浮かんできた。

「ジルベール・ベコー、ダミア、ダリダ、シャルル・トレネ、イベット・ジロー……、あっ、もっと後の人だけど、セルジュ・ゲンスブール」

「正しくは、Serge Gainsbourg」と、発音を直された。もしかして「ゲンズブール」と言ったかもしれない。私はフランス語をまともに勉強したことがないし、フランスの歌手の名前だって、ラジオやテレビで日本人が発音しているのを聞いて覚えただけで、原音をまったく知らない。うろ覚えのカタカナ・フランス語だから、発音の悪さは致し方ない。

出生地はいろいろあっても、フランスで活躍した歌手の名をこんなに知っていることに、自分でも驚いた。シャンソンのファンではまったくなく、むしろ大嫌いな音楽ジャンルなのだ。音楽評論家中村とうようが「音楽は広く好きだが、シャンソンは大嫌い」と書いているのを読んで、「そうそう」と相づちを打った。シャンソンもオペラも、大嫌いだ。

大嫌いなのにシャンソン歌手を多く知っていたのは、私が育った時代のせいだ。私は昔から音楽を聞くのが大好きで、たえずラジオのそばにいた。子供のころ、日本にもシャンソンの時代があった。

四

日本人がフランスにあこがれを抱いたのは、戦後からではない。フランスへのあこがれは、明治時代に絵画や文学などに始まり、次は映画だった。「巴里の屋根の下」（ルネ・クレール）は、日本最初のトーキーのフランス映画だった。一九三一年の公開だ。それまでは無声映画だったが、この映画でフランス語の会話とフランス語の歌が日本の映画館に流れた。日本におけるシャンソンの歴史はここから始まる。

一九三三年に公開されたのが、「巴里祭」（ルネ・クレール）が公開された。日本でも受け入れたことがよくわかる。

日本人がフランス人になった気分で、フランスの共和国成立を祝う日を「巴里祭」（パリさい、あるいはパリまつり）と呼び、銀座にシャンソン喫茶「銀巴里」（一九五一〜一九九〇）ができた。シャンソンは、フランス語では「歌」を意味する名詞で、特定の音楽ジャンルを表さないが、日本では一九四〇年代から五〇年代あたりのフランス歌謡を、シャンソンと呼んだ。レストランチェーンの「ジロー」の店名は、「次郎」といった日本語ではなく、たしかシャンソン歌手イベット・ジロー（Yvette Giraud）にちなんだもののはずで、もとは一九五五年開店のシャンソン喫茶だった。この情報は、シャンソンが好きだった永六輔によるものだ。

石井好子、芦野宏、丸山（のちの美輪）明宏、岸洋子、越路吹雪といった歌手の歌を、好きでもないのにラジオ少年であった私は聞き、テレビでも見て、彼女らの名前を覚えた。そういう時代だったのだ。だから、私でも知っているのだ。ずっとのちに、「日本人のフランスかぶれの歴史」を知りたくてちょっと調べたことがあって、フランス人歌手の名前を確認したことがあるのだが、その時も嫌いなジャンルなのに意外に多くの歌手を知っていたのに、自分でもびっくりした。そういえば、戦後の同じころ、サルトルやボーボワールが一種の「流行り物」となっていたことがある。フランスのファッションが、フランスの国家事業として日本に入ってきた戦後史も調べたことがあり、非常に興味深い歴史があるのだが、それはさておき……。

私の想像だが、一九五〇年代当時の日本で、シャンソンを好んで聞いていたのはおもに女だろうと思う。外国の音楽を好んだ男は、ジャズとカントリー&ウエスタン、ハワイアンとロカビリーといったアメリカ音楽にアンテナを向けた。ジェームス・ディーンとプレスリーとアメリカ車と西部劇だ。シャンソンを好んだ男は、旧制高校でフランス語を学んだ世代、開高健のようにフランス文学や美術などに関心があった人たちだろう。開高のエッセイには、ボードレールのようなフランスの詩の話とともに、ダミアの「暗い日曜日」などにも触れた文章がある。フランスの映画や音楽は、一九五〇年代に青春時代を過ごした若きインテリたちの一般教養だったのである。

フランスの歌謡曲も、一九六〇年代に入りロックの影響を受けて、Yé-yé（イェイェ）と呼ばれた。ロックの歌詞に出てくるYeah!（Yesの意味。歌のなかで間投詞として使う）という英語のフランス語版だ。フランス・ギャルやシルビー・バルタンやジョニー・アリディーなどが活躍する時代で、日本でも盛んに放送された。

こういう戦後日本の音楽史があるから、私でも昔のフランス音楽を多少は知っているというわけだ。ティナの祖父母の時代のフランス語音楽の歌手の名前を思い出しているうちに、若い歌手の名も思い出した。

「さっき、今の若いフランス人歌手で唯一知っている人がいるけど、名前を思い出せないと言ったよね。たった今、思い出したんだ……」

「まさか、ザーズ（ZAZ）じゃないでしょうね？」

「そう、その通り。ザーズは好きだよ」

「ええ？　わたし、あの発声が好きになれないのよ」

「でもピアフのような声だよ。歌い方もそっくりさ」

「そうかなあ、まあ、それはいいとして、彼女、ちっとも若くないわよ」

ザーズを知ったのは、彼女のデビューアルバム「モンマルトルからのラブレター」（二〇一〇）が出たころで、若手だと思っていたのだが、今調べれば一九八〇年生まれだ。大学院生から見れば、決して若くはないな。

五

その日もティナとしゃべっていた。彼女の夕食は、たいてい肉と野菜とご飯だった。「パンより、ご飯が好きなの」と言って、ステンレス鍋でじょうずに炊いていた。かなり多めに作っていたのは、夕食と翌日の弁当の二食分作っていたからだ。堅実で生真面目、両親にとっていい娘で、教師にとってはいい学生で、職場ではよく働くスタッフだろう。

彼女の食事風景を見ていて気がついたのは、食事中はいっさい水分を取らないことだ。飲み物いっさいなし。食事を終えると、コップ一杯の水をうまそうに飲む。

「ベルギーの家にいるときも、食事中に飲み物はないですよ」

日本では汁物がなくてもお茶が……と思ったが、考えてみれば、ちょっと前まで食事中にお茶を飲むものではなかった。お茶は食後だ。子供のころは、私もそういうしつけを受けた。三食必ず汁物が付くわけではないし、子供はお茶など飲まなかったから、食後は水道の水を飲んだ。「欧米人は水道の水を飲まない」などと言いたがる日本人が少なくないが、「調べてから言いなさい」と反論したい。

食事を終えても、おしゃべりが続く。今夜は、仕事場であるベルギー大使館周辺の案内を、グーグールマップを使ってやってもらう。

ベルギー大使館はプラハ城の南のマラー・ストラナ地区にあり、周辺に大使館が多くある。チェコ音楽博物館のそばに日本大使館とデンマーク大使館が並んであり、そのすぐそ

「ジョン・レノンの壁」は、じつは教会の塀だということをグーグルマップで知った。空撮映像がないと、そういう事実はなかなかわからない。

ばにフランス大使館があり、その向かいにジョン・レノンの壁がある。テレビの旅番組で取り上げたプラハで、ちょっとそんな映像を見たが、どこにあるのか知らなかった。

パソコンの地図と空撮映像とストリートビューを見ながら、彼女の通勤路や昼休みの散歩コースなどを解説してもらった。いくつもの大使館の若手スタッフとは顔見知りだそうで、昼休みに遊びに行ったりするという。

そんな話をしていると、リビングルームに私と同年配くらいの女性がひとり入ってきて、話の輪に加わった。明日、鉄道でウィーンに行くという。プラハの印象など、とりとめのない話をしているうちに、彼女はフランス人だとわかった。フランス語訛りのない英語だから、フランス人だとは気がつかなかった。

「最近の若者は別ですが、そんなに英語がしゃべれるフランス人とはめったに会いませんよ」と言うと、すかさず「アメリカ人と結婚して、ニューヨークに三〇年も、そう、三〇年も住んでいたのよ」と言った。「三〇年も」を強く言ったのは、アメリカ生活にうんざりしたのか、それとも一緒に暮らした夫のせいなのか。彼女は私の国籍を確認し、早口で日本旅行の思い出を語り、「あなたはどこの人?」とティナに話しかけた。

ベルギー人だとわかると、「フランス語は……?」と英語で言い、ティナがフランス語で返事をしたので、それ以後、会話はフランス語に変わった。ふたりのフランス語を聞いていて、明らかに違うのがわかった。フランス人のフランス語はいままで何度も聞いたことがあるフランス語なのだが、ティナは母語がフランス語なのだが、カタカナでメモができるようなフランス語をしゃべっている。フランス語の特徴でもある喉の奥から出すR音を、日本人がしゃべっているような感じでしゃべるのだ。平板と言っていいのか、とにかくとても聞き取りやすい。知っている単語は、ちゃんと聞き取れる。

米原万里のエッセイに、同時通訳をしていたフランス語通訳が、ベルギー人のフランス語は田舎臭いと評していたという話が出てくる。ずっと以前に読んだ『不実な美女か貞淑な醜女か』(徳間書店、一九九四)に収められた「方言まで訳すか，訛りまで訳すか」に出てくる話なのだが、ちょうど旅に持って来ていた『米原万里ベストエッセイ一』(角川文庫、二〇一六)に再録されていたので記憶が更新されていた。米原の本はすでにすべて読んでいるが、彼女は子供時代チェコに住んでいたことがあるから、資料収集という意味でも、彼女のエッセイを再読していた。

ウィキペディアの「ベルギー・フランス語」には、「フランス語(以下、標準フランス語)との違いは若干のイントネーションや語彙の違いなど些細なものが殆どである」と書いてあるが、実情はどうなんだろう。ネットで調べると、やはり「些細」でもないらしいとわかる。私の耳でさえ、「些細」とは思えない。

翌日、ティナのガイドを思い出し、マラー・ストラナ地区の大使館街を歩いた。デンマーク大使館の前を通りかかると、大使館の脇に観光事務所があり、"100 FACTS ON

DENMARK"というポスターのようなものが貼ってあった。読んでみるとおもしろい。事務所に入って、「このポスターが欲しいのですが……」と言ってみると、「ポスターは差し上げられませんが、これなら……」と縮小版をいただいた。

一、デンマークには四〇六の島がある。

八、ハンドボールはデンマーク生まれのスポーツだ。

二五、デンマーク人の半分は、――SENで終わる姓だ。

こういう情報のほか、「デンマークは世界でもっとも平和な国だ」というような証明できない話もあるが、まあ、笑い話と解釈して楽しめばいい。

こうして、ほとんど毎夜、七時には帰宅して台所でとりとめのない会話を楽しんだ。ティナの帰りが遅くなったのは、知り合いの外交官たちとのパーティーの夜で、私が遅く帰ったのは映画を見た夜だった。ということで、次は映画の話を少し。

映画を見る

一

散歩をしていてシネマ・コンプレックスを見つけたので、ロビーに入って上映中の作品を点検した。チェコ映画を見たいのだが、製作本数はそれほど多くないだろうから、私の滞在中にうまい具合に見ることができるかどうか不安に感じつつ、上映作品リストを見る。タイトルと出演者の名前がチェコ語らしいと勘が働いた作品を窓口で確認したら、幸運にもチェコの映画だとわかった。朝と夜の二回上映だから、その日の夜の回を見ることにした。願わくば、会話ばかりの法廷映画とか、理屈をこねまわす退屈な文芸作品ではないといい。しかし、アクション映画だと退屈する。どういう内容であれ、滞在中にチェコ映画を見るチャンスに巡り合ったことに感謝する。入場料一五九コルナ、七九五円は日本人には安い。真新しいシネマコンプレックスだ。

“Po čem muži touží”（ポー・チェム・ムジ・トゥジー、二〇一八）という題名で、見終わったあと、かなり英語ができるチェコ人にこのタイトルの意味をたずねたら、「う～ん、難しいなあ」と考えこみ、「大意としては、『この男は何をしたいんだ』という意味かな」と説明してくれた。便利な世の中になったもので、帰国後、この映画の情報はいくらでもネットに上がっていることがわかった。グーグル翻訳をすると、この映画のタイトルは「男性がほしいもの」ほかの翻訳が見つかる。この映画に関するチェコ語情報をコンピューター翻訳すると、意味不明の文章になってしまう。ネットで予告編が見つかった。英語の字幕はないが、内容はなんとなくわかる予告編だ。

遊び人で、仕事をまじめにやらないチェコ版「プレイボーイ」誌の編集長カレルは、離婚して高校生の娘と暮らしているが、自宅に女を連れ込むような男で、仕事の業績も上がらず、解雇された。その夜、占い師に「女になったらどんな気分か……」などと言ってしまったからか、翌日、女の体になっている自分に気がつく。そこから、友人や元妻や会社の部下などが登場し、「女とは」を考える。

会話がいっさいわからないが、なんとかストーリーを追えて、楽しめた。軽妙さが救いだった。

この映画の情報を引き続き調べると、元はアメリカ映画だとわかった。メル・ギブソンの"What women want"（日本題「ハート・オブ・ウーマン」、二〇〇〇）だ。この映画のリメイクだったのだ。この英語タイトルをチェコ語に翻訳して、男と女を入れ替えたから、このチェコ映画の英語タイトルは"What man want"。だから、「男がほしいもの」なのか。

アメリカ版は、体は男のままで女の気持ちがわかるようになるというものだが、チェコ版では体だけ女に変わるというものだ。これは大林宣彦の「転校生」（一九八二）以降といっていいのかどうかわからないが、日本でも韓国でもおなじみの手法。心だけ入れ替わるものや、体と心が入れ替わるなどいろいろあるが、私にはもはや手垢がついた手法にしか思えない。

チェコ版で、ストーリーと直接関係ない話だが、主人公のプレイボーイ誌編集長の愛車が、ヒュンダイ・ハイブリッドだった。フェラーリでなくても、女遊びで問題を起こすようなプレイボーイの愛車が、ヒュンダイじゃないだろう。この車、チェコでいくらするか知らないが、アメリカでは日本円にして二五〇万円程度だ。ということは、スポンサーかと思いクレジットタイトルを注視したが、hyundaiの文字はなかった。言葉がわからない映画は、そういう点に注目して遊んでいる。

ユネスコの資料によれば、チェコの映画製作本数は、世界で二五位、二〇一三〜一五年の資料では年間五〇本程度制作しているらしい。

二

帰国して、アマゾンをチェックした。チェコ映画のDVDを安く売っているかどうかのチェックだ。「安く」というのは、内容がまったくわからないで注文するなら安いに越したことはないという判断だ。

「プラハ」という映画が見つかった。"Praha"（二〇〇一）というチェコ映画で、ありがたいことに日本語字幕付きだ。レンタル流れだから、安い。パッケージ写真を見ると、おバカな高校生のお調子者映画という感じがするが、まあい、いいと、注文。

プラハが舞台というだけでもいいと思い、解説など一切読まずに、すぐさま見た。

「アメリカン・グラフィティー」のような、卒業直前の高校生と脱走兵のミュージカルで、音楽や踊りから時代設定は一九六〇年代だとわかる。ミュージカルといっても、いわゆるミュージカル映画とは違い、歌の部分は当時のテレビ番組風の演出にしているだけで、登場人物がいきなり歌い踊るわけではない。スタジオ収録風の映像は、「ザ・ヒットパレード」（一九五九〜七〇　フジテレビ）や「シャボン玉ホリデー」（一九六一〜七二　日本テレビ）を思い出させる映像だから、時代設定はすぐにわかった。

ラストの数分がこの作品の真意を見せてくれる。アメリカ軍放送VOAが、ソビエトを中心とするワルシャワ機構軍がチェコに侵入したと報じている。森のなかの道路を走っている車の前を、戦車が突然現れる。自由を求める者は、国外脱出を企て、国境の兵士も脱出に協力する。一九六八年八月下旬、「プラハの春」がソビエトなどの戦車で蹴散らされたのだ。おバカな青春が、戦車によって突然終わりを告げられる。そういう映画だ。

「チェコ映画」と検索すると、もっとも多くヒットするのは、「コリャ　愛のプラハ」（一九九六）だが、DVDは高い。単行本『コーリャ　愛のプラハ』（ズデニェック・スヴェラーク、千野栄一訳、集英社、一九九七）の著者はこの映画の脚本を書いた作家で、この本はほとんど台本である。ノベライズというほどの手間はかけていない。おもしろい小説とは、とても言えない。そういうわけで、映画版にも興味はなく、高いカネを出してDVDを買おうとは思わなかった。

ところが、予告編だけでも見ようかと"Kolji/Kolya"で検索していたら、ありがたいことにこの映画が英語字幕付きで一時間四〇分の完全版をネットで見ることができるとわかり、さっそく見た。

女たらしのチェロ奏者ロウカは、かつてはチェコフィルでも演奏していたのだが、今は葬式の演奏と、墓石の文字の再塗装作業で糊口をしのいでいる。オーケストラを追われたのは、反政府的活動をした結果パスポートを取り上げられ、海外公演に参加できなくなり、海外公演で稼げない団員に価値はないと判断されたからだと、当人は思っている。

貧乏生活をしている彼のもとに、偽装結婚の話が持ち込まれ、書類上はロシア人女性と結婚することにして、かなりのカネを受け取った。結婚すると、女は恋人がいる西ドイツに亡命し、プラハには彼女の子供が残された。そういういきさつで、五歳の少年と初老の男の生活が始まる。そして、この映画のラストシーンは、一九八九年一一月のビロード革命だ。まったく偶然だったのだが、「プラハ」はソビエト支配が始まる一九六八年夏で終わり、「コーリャ」はそのソビエト支配が終わる一九八九年一一月で終わる。

うん、偶然とはいえ、この映画に出会えてよかった。映画は世評どおり、おもしろかった。少年の物語ということで、イタリア映画の伝統芸を思い浮かべたが、影響があるのかどうかは知らない。

墓を探す

ビシェフラド地区に行ってみた。城跡や墓地がある地区だ。きつい坂道を登って丘の上の城跡に出た。ここからプラハの東側が見渡せる。その眺望を求めてここに来たのではないが、予想していなかった収穫だ。

あまり知られていないが、プラハを見渡せる高台でもある。左手にブルタバ川、遠くプラハ城。

ここは墓地として有名なのだ。敷地はとても狭い。青山墓地のような広い墓地を想像して出かけたのだが、ざっと見渡せば、全域が視界に入る。あてにならない目測だが、三〇メートル四方もない。だから、墓の案内板を探さずに、とにかく歩いてみる。作曲家ドボジャーク（ドボルザーク）の墓は難なく見つかった。作家カレル・チャペックもすぐにわかる。作曲家スメタナの墓もわかりやすい姿だ。

ドボジャークの墓。

チャペックの墓は、作家らしく本のデザイン。

スメタナの墓は楽譜入り。

あとは画家ムハ（ミュシャ）の墓が見つかれば、私が知っているチェコ人はほぼ押さえたことになるのだが、見つからない。ムハの絵が付いた墓石を想像して探したが見つからず、しかたがなくひとつひとつの墓名を見ていったが見つからない。そもそも、ここにムハの墓があるのかどうかも怪しくなり、墓地案内板で確認しておきたくなった。

入り口に埋葬者リストがあったが、いちいち探すのは面倒だ。おばちゃんグループがリストの前でがやがやしゃべっていて、リストが見にくい。おしゃべりが終わるのを待って自分でリストをチェックするよりも、おばちゃんたちに聞いたほうが早い。幸運にも、ひとりが英語をしゃべった。

「画家のムハね。え〜と」と人差し指がリストの上をなぞり、「あっ、これね」と指さした。"malir"は「画家」だと教えてくれる。旅に出ると、おしゃべりなおばちゃんが情報源になる。

リストの番号を案内図で確認したが、すでに行った場所だ。念のために再度行ってみたがわからない。墓番号を見間違えたのかと埋葬者リストを再度点検したが、間違いない。案内図で示す場所にまた行った。そこは何人もいっしょに埋葬した共同墓で、天下のムハ

がそういう場所で大勢といっしょに埋葬されているわけはないよなあと思いつつ、石板の募名を見ていくと、あった。三人まとめた墓だ。

まさかこういう共同墓にあるわけはないがと思いつつ、墓碑を調べると、

写真なかほどに、MUCHA Alfonsの文字がある。

3人いっしょに入っていた。

エピローグ

幸せな時間

旅の話を書くのが楽しかった。

買い集めたチェコ関連の資料は段ボール箱ふたつくらいになった。私にとって旅の楽しさは、まず準備段階があり、実際に旅しているときはもちろんなのだが、旅を終えてからの反芻している行程（工程）もまた、楽しみである。旅先を散歩をしているときにはまったく気がつかなかったことを資料で読み、「あ〜、そうだったのか！」と気がつく瞬間は快感である。私は、旅を三度楽しむ。文章を書くことも加えれば、旅を四度楽しむともいえる。

チェコ関連の本はかなり読んだ。この旅行エッセイでは読者ガイドの面も持たせようと考えたが、カレル・チャペックを除けば、カフカやクンデラなど文学はほとんど手を出していない。私は小説をほとんど読まない。日本人が書いたもので、チェコが登場するとわかっていて手を出さなかったのは、五木寛之と大宅壮一の本だ。参考にはならないとわかっていたが、開高健『過去と未来の国々』を再読した。堀田善衛『天上大風』は初めて読んだ。一九世紀のチェコ人の日本旅行記『ジャポスコ』（ヨゼフ・コジェンスキー）のことは、いずれゆっくり書く機会があるかもしれない（ブログでは書いた）。昔のプラハを見たくて、『世界の旅　東ヨーロッパ』（河出書房、一九六九）や『文化誌　世界の国　東欧』（講談社、一九七五）といった重い本も買ったが、参考になる写真はほとんどなかった。昔のプラハがわかる本は、プラハの書店にいくらでもあったのだが、高くて飛び切り重いので、買う気がしなかった。

左能典代の『プラハの憂鬱』は、その題名にも関わらず、プラハは四〇ページ分くらいしか出てこない。佐藤優の同名書には、プラハはまったく出てこないが、佐藤の高校時代の海外旅行記『十五の夏』には、一九七五年のプラハがほんの少し登場する。そういう本も読んだ。

米原万里の本はチェコ旅行のずっと前に、すでに全巻読んでいるが、この機会に再読した。「チェコ」を視点に据えると新しく見えてきたものもあった。つい最近、ブログのプラハ物語がいよいよ最終章に入るところで、『加藤周一、米原万里と行くチェコの旅』（小森陽一・金平茂紀・辛淑玉、かもがわ出版、二〇一九）が出たことを知って、内容を確認するヒマもなくすぐさま購入。で、読んだ。久しぶりの「カネ返せ本」だった。プラハ時代の米原の話は、小森がすでに『コモリ君ニホン語に出会う』に出てきた話だけで、わざわざ買う価値のない本だった。ただ、この本で加藤周一『言葉と戦車を見すえて』を知り、読んだ。チェコの話を書く前に読んでいれば参考になったかもしれないが、今となっては参考になったことはそれほどない。

一九七九年のチェコは、短い文章だが玉村豊男の『東欧・旅の雑学ノート』（二〇〇〇）のなかにある。この本も、一九八五年の海田書房版『ぼくの旅のかたち』ですでに読んでいるが、その本をウチで探すのが面倒で、中公文庫版を「アマゾン」した。一九七九年のチェコの物価は、日本円にすれば現在とあまり変わらないということもわかる。細かいメモが役に立つ。資料的価値のある本は、本文ですでに紹介した。

こういう具合に、「週三アマゾン」となったせいで、次々と本が届き片っ端から読んだ。

内容もレベルもわからずにネットで注文するから、三割くらいはどーにもならない本でがっかりしたが、しかたがない。そういう残念な経験もしたが、普段はまったく手にしない本に出会い、鉛筆で傍線を引き、書き込みをして、付箋を貼った。そういう時間を過ごし、すでに書いてあるブログ用の文章を加筆訂正していった。そういう楽しい日々が、今、終わった。もうチェコの本を読むことはないだろう。

インターネットでプラハ関連の旅行記事を読んでいたら、「プラハは、ワルシャワからウィーンに行く途中に二日ほど滞在するのが通常の旅程で……」と書いてある。そうか、ほとんどの日本人にとって、プラハは通常二日の価値か。忙しい人はそうなのだろうが、暇な私は、ひと月いた。それでもまったく飽きなかった。半年資料を読み続けても、チェコに飽きなかった。そういう魅力的な街に出会えたことを幸せに思う。ビールを飲まず、買い物もせず、美術館にはほとんど行かず、コンサートに行かなくても、プラハの散歩はただただ楽しかった。散歩の魅力に満ちた街だった。

旅先で出会った私と同世代のオーストラリア人夫婦と食事をしたときに、こんな話になった。

「私たち、今とっても素晴らしい時間を生きているの。面倒をみないといけない人はもういないし、誰かに面倒をみてもらう必要はまだない。ぜいたくをしなければ、こうしてのんびり旅行ができるくらいのお金はある。だけど、こういう幸せな時間はそう長くは続かないのよね。だから、今、旅をしているのよ、ふたりで」

私もまた、今、そういう幸せな時間のなかにいる、と応えた。

プラハにいたひと月、風が、心のハープを奏でていた。琴線が震え続けていた。

この半年、ずっとプラハの夢を見ていたようだ。

あとがき

かつて、東京神田神保町すずらん通りに、大野信一さんが店主の書店アジア文庫があった。そのホームページで、私はアジア本の書評や旅の雑談を載せた「アジア雑語林」という連載コラムを書き始めたが、店主の急逝により、ホームページは管理人を失った。二〇〇九年のことだった。

デジタルに疎い私はそのまま放置していたのだが、旅行人の蔵前仁一さんが、「もしよかったら、うちのサイトでコラムを継続しませんか」と声をかけてくれて、旅行人のホームページの店子として移転することになった。しかし、移転の作業など私には到底無理なので、面倒な作業は旅行人の元編集者である田中元さんがすべてやってくれた。

私がプラハを旅したのは、二〇一八年秋のことだった。ブログ「アジア雑語林」に、その旅行記「プラハ　風がハープを奏でるように」を書いた。二〇一八年十一月一日に第一回が始まり、二〇一九年四月二〇日に第七九回の最終回を迎えたから、プラハと半年ほどかかわったことになる。この旅行記を本にしたいと企画したのが、産業編集センターの佐々木勇志さんである。本にする予定でブログを書いたのではなく、書きたいことを好きなだけ好きなように書いたから、写真を含めれば上下二巻分くらいの原稿量がある。長い原稿を、一冊分に編集し直したのが本書である。この本ができるまでに、大野信一さんから佐々木勇志さんまで、何人もの方のご厚意と助力があった。

改めて書くまでもないだろうが、私の旅はこの本に書いたようなものだ。長い旅は飽きるからしたくないし。命がけの冒険旅行や辺境探検にも興味はない。ひとりで気ままに街を歩き、見聞きしたことを帰国後じっくり調べるという旅を二〇代からしている。ライターの旅だから調べたのではなく、知りたがり屋のガキが成長し、なんでも知りたがるライターになって、調べたことや考えたことを書いてきたに過ぎない。非凡な筆力をもった書き手なら、自動販売機で買ったコーヒーを飲むというだけの内容でも、読み手に感動や抱腹絶倒の笑いを与えることができるだろうが、圧倒的な文章力などないライターはコツコツと調べて文章を書くしかない。

プラハの話を書いているときはまだ大学講師だったので、学生に読んでほしいという思いで書いた。英語の話などを書いたのはそのせいだが、読んだ学生はいただろうか。ブログということで意識したのは、本と違って連続して読む人が多くはないだろうと思い、「プラハの春」のような事柄は、意識的に同じことを何度も書いた。本にするときは、同じ話は削除して簡潔にしようかと思ったが、誰もが一気に読むわけではないと思い、重複したままにした。異国の歴史はなかなかなじめないものだ。

意識して書いたことは、ほかにもいくつかある。チェコ関連書を紹介して「読書の旅」の資料としたいと思った。あるいは、飲食物を中心にモノの値段を書いたのは、プラハの生活がある程度わかると思ったからであり、二〇一八年の物価記録でもある。

二〇一九年初夏、エストニアの首都タリンから夜行バスに乗り、早朝ポーランドのワルシャワに着いた。バスはターミナルではなく、ワルシャワ駅近くの路上に停まった。バスを降りると、大きなトランクを歩道に三つ置いている大学生くらいの女性がいた。ポーランド人だろうか。

宿の予約はしていないから、ワルシャワの安宿情報が手に入るかもしれないと思い、「これから家に帰るんですか？　それとも宿探しですか？」と声をかけてみた。

「タクシーでバスターミナルに行き、プラハ行きのバスに乗るんです」と彼女は言った。その瞬間、プラハで会ったティナのことを思い出した。「ベルギーからチェコへはＬＣＣ（格安航空会社）を使うのがいちばん安いけれど、一年間暮らす荷物があるから、バスにしたの」と言っていたのを思い出したのだ。ＬＣＣは荷物が多いと、とんでもなく高くなる。ワルシャワの路上で出会った彼女は、プラハへの留学だろうか帰省だろうか。

　バスを降りた道路のすぐ近くに、文化科学宮殿が見えた。プラハのインターナショナルホテルと同じ、スターリン・ゴシック建築だ。プラハのそのホテルのことをブログにアップしたのは二〇一九年二月で、それから数か月後にポーランドのワルシャワで、同じスターリン・ゴシック建築を見るとこになるとは、もちろん予想していない。ワルシャワに行こうと決めたのは、エストニアのタリンの午後だった。

　ワルシャワに着いて、思った。南に下ればクラクフ、そしてその南はチェコだ。私のなかのチェコのアンテナは、今もまだ立っている。

この本の編集作業を始めたころは、「あとがき」に、「サルディニアにて」とか「大阪・西成にて」などと書くことになるかと思っていたが、新型コロナのせいで蟄居《ちっきょ》、逼塞《ひっそく》、遠慮《えんりょ》、差控《さしひかえ》といった言葉を覚える日々となったため、「自宅にて」と書くしかない。このご時世で航空券がとんでもなく安くなっているので、航空券サイトを眺めて、「秋はニューヨークか」などと想像の旅を楽しんでいる。

もう少し待てば、また旅ができるだろう。そう思える環境にある自分を、しあわせだと思う。近頃、旅先で、いまはもうこの世にいない両親や友人知人のことを思い出すことが多くなった。みんな、もっと旅がしたかっただろうに……。

自宅でジャズを聴きながら
二〇二〇年五月

前川健一

●プラハの歴史に関する参考文献

『NHKスペシャル　社会主義の20世紀　第3巻』（伊東孝之他、日本放送出版協会、1990）
『ハンガリー・チェコスロバキア現代史』（矢田俊隆、山川出版社、1978）
『物語　チェコの歴史』（薩摩秀登、中公新書　2006）
『プラハ歴史散歩』（石川達夫、講談社＋α新書、2004）
『黄金のプラハ』（石川達夫、平凡社、2000）
『新版　プラハ幻景』（ヴラスタ・チハコーヴァー、新宿書房、1993）
『旅名人ブックス45 プラハ・チェコ』（沖島博美他、日経BP企画、2005）
『チェコとスロヴァキアを知るための56章』（薩摩秀登、明石書店、2003）

前川健一（まえかわ・けんいち）

1952年東京生まれ。ライター。1970年末からライターを始め、1990年代には東南アジアを中心に数多くの旅行記を著わす。2004年に「東南アジアにおける民衆の生活文化の理解に果たした業績」により大同生命地域研究特別賞を受賞。2018年まで、立教大学観光学部兼任講師を務めた。著作は『アジアの路上で溜息ひとつ』（講談社）『アフリカの満月』（旅行人）などの旅エッセイの他、食文化研究の『東南アジアの日常茶飯』（弘文堂）、都市研究の『バンコクの好奇心』（めこん）、建築研究の『バンコクの容姿』（講談社）、音楽研究の『まとわりつくタイの音楽』（めこん）、都市交通研究の『東南アジアの三輪車』（旅行人）などがある。また、旅行史研究では『異国憧憬』（JTB）や『旅行記で巡る世界』（文藝春秋）などを上梓している。

わたしの旅ブックス

021

プラハ巡覧記　風がハープを奏でるように

2020年6月29日　第1刷発行

著者————前川健一

ブックデザイン——マツダオフィス
DTP————角 知洋_sakana studio
編集————佐々木勇志（産業編集センター）

発行所————株式会社産業編集センター
〒112-0011
東京都文京区千石4-39-17
TEL 03-5395-6133　FAX 03-5395-5320
http://www.shc.co.jp/book

印刷・製本————株式会社シナノパブリッシングプレス

ISBN9789-4-86311-268-1